AF280067

Jürgen Hembd

Keiner Frage ausgewichen

Poesie und Prosatexte

© 2024 Jürgen Hembd

Verlag: BoD · Books on Demand GmbH, In de Tarpen 42,
22848 Norderstedt
Druck: Libri Plureos GmbH, Friedensallee 273,
22763 Hamburg
ISBN: 978-3-7597-9216-7

Dieses Buch ist

Gina Maria

gewidmet

Vorwort

Vor einiger Zeit eröffnete mir *Gina Maria*, dass sie mir zahlreiche Fragen stellen wolle. Ich war erstaunt und ließ mich bereitwillig auf diese Herausforderung ein. Es würde vermutlich nicht nur bei nüchternen Berichten und erinnerten Fakten bleiben, sondern mit Sicherheit würden auch Gefühl und Urteil mitspielen.

Mit unseren *Erinnerungen* ist das so eine Sache; denn was haben wir im Laufe der Zeit nicht alles bereits vergessen und spiegeln unsere übrig gebliebenen Erinnerungen die Tatsachen wirklich naturgetreu und ohne Irrtum wider? Mit den Gefühlen und unserem Urteil mag es sich ähnlich verhalten; Oft hängen sie von unserer Befindlichkeit ab und an manchen Tagen ordnen wir Dinge positiver ein als an anderen – und umgekehrt.

Früher mögen uns bestimmte Fragen viel mehr beschäftigt haben als heute und vieles sehen wir bei zunehmendem Alter in milderem Licht.

Als Heranwachsender habe ich mich gefragt, ob mir ein Wunschberuf einfallen und ob mich je eine Frau würde lieben könne.

Würden wir gesunde Kinder haben und ihnen brauchbare Eltern sein?

Würden uns unsere Berufstätigkeiten genügend Einkommen sichern?

Mietwohnung oder Eigenheim?

Auto oder öffentliche Verkehrsmittel?

Fernreisen oder Verbleib in der Heimat?

Würden wir alle einvernehmlich „vorwärts" leben? Würde unser gemeinsamer Bund „ewig" halten?

Heute, im vorangeschrittenen Alter, befinde ich mich auf der Zielgeraden und sehe das Zielband vor mir flattern. Ich habe mich dazu entschlossen, keinen Endspurt einzulegen, sondern meinen Schritt zu verlangsamen und vielleicht sogar einmal stehen zu bleiben. Auch schaue ich mit wohligem Lächeln rückwärts, bevor ich weitertrabe.

Gina Maria hat mich mit ihren Fragen zum Nachdenken gebracht und dafür bin ich ihr dankbar.

Es war nicht zu vermeiden, dass dabei am Ende viele autobiografische Elemente in meine Antworten eingeflossen sind und mir ist eine Seltsamkeit aufgefallen: Meine Antworten bleiben irgendwie oft unvollständig und nach hinten offen.

Bei meinen Zugfahrten unlängst von Berlin nach Winterthur und zurück habe ich mir die Ausgangsfragen abermals vorgeknöpft und dabei wie neu beantwortet, um dann zu Hause meine allerjüngsten Gedankensplitter in das bereits vorhandene Manuskript einzuarbeiten. Ich glaube, dies könnte ewig so weitergehen, ohne dass dabei je eine „vollständige" und zufriedenstellende Endversion herauskommen würde.

Andrerseits kann es nicht darum gehen, das eigene Leben in seiner Alltäglichkeit abzubilden und sämtliche Gedankenstränge nachzuverfolgen; denn dies wäre teils banal, insgesamt langweilig.

Keiner von uns gleicht dem Mittelpunkt der Erde und sollte sich daher nicht allzu wichtig nehmen – nicht wichtig, aber ernst.

Sicherlich könnten wir einzelne Lebensziele vorab auf einem Bierdeckel skizzieren.

Ob wir uns am Ende noch an sie erinnern könnten und den Bierdeckel auch wiederfänden?

Wenn ja, ist dann unser Leben tatsächlich so geplant-statisch verlaufen, wie anfangs angenommen oder gab es Umleitungen, Sackgassen und unentdecktes Neuland?

Und ist so etwas wie eine „Summe des Lebens" am Ende überhaupt errechenbar?

Ich lasse mein Vorwort jetzt lieber so stehen, wie es ist; denn womöglich würde ich es noch zigmal ändern.

Jürgen Hembd

(im Frühjahr 2024)

01. Welches neue Hobby würdest Du anfangen, wenn Du jetzt 23 Jahre alt wärst?

Diese Frage stellt für mich eine echte Herausforderung dar; denn ich müsste mich um 60 Jahre jünger machen. Einerseits könnte ich mich in die 1960er Jahre begeben, aber andererseits brauche ich wohl gar keinen Zeitensprung zu machen; denn gemeint ist wohl: „Welches neue Hobby würdest Du, genau Du, heute, als 23jähriger im Jahre 2023, anfangen?"

Trotzdem bleibt die Beantwortung der Frage schwierig für mich, weil ich sechzig Jahre Lebenserfahrung ausklammern oder es versuchen müsste, mich daran zu erinnern, in welcher Situation ich mich damals als 23jähriger vermutlich befunden habe und worin meine Fähigkeiten und meine damaligen Antriebskräfte bestanden.

Ich könnte auch überlegen, was ich in meinem Leben möglicherweise versäumt habe und nachholen könnte, gäbe es eine zweite Chance für mich. Alles hypothetisch; denn ich weiß, dass ich meine Zeit ohne große Ruhepausen voll ausgeschöpft habe.

Was ist ein Hobby überhaupt? Laut *Duden* handelt es sich dabei um ein *Steckenpferd*, eine *Liebhaberei*.

Mein *Dictionary of Contemporary English* erklärt den Hobby-Begriff folgendermaßen: *„an activity that you enjoy doing in your free time"*.

Manch einer von uns mag daran denken, dass das Sammeln von Briefmarken oder Münzen ein typisches Hobby sei. Beides habe ich nie getan und würde auch heute nicht mehr damit anfangen. Kein Interesse!

Durch mein Leben ziehen sich bis heute meine *musikalischen Aktivitäten*. Diese würde ich gerne noch eine Weile fortsetzen und deshalb würden sie keinen echten Neubeginn darstellen.

Das *Lesen* und das *Schreiben* begleiten mich als Freizeitbeschäftigungen seit langem – also wäre auch hier kein Neuanfang sichtbar.

Singen, Musizieren und Lesen waren mir auch mit dreiundzwanzig schon vertraut. Mit dreiundzwanzig hatte ich bereits eine sechsjährige Tätigkeit als Bankkaufmann und den Besuch der Abendschule zur Vorbereitung der anstehenden externen Abiturprüfungen hinter mir.

Gereist und gewandert bin ich bereits seit meiner Konfirmation 1955. Es waren stets Aktivitäten, die wenig Geld gekostet haben; denn es handelte sich ausschließlich um Jugendgruppenfahrten unter dem

Dach der Evangelischen Jugend Alt-Schöneberg. Meine Eltern mussten es hinnehmen, dass ich mir die Freiheit nahm, meine eigenen beruflichen und privaten Ziele selbständig zu definieren.

Mein Vater hat darüber damals nur den Kopf geschüttelt. Weshalb wollte sein Sohn, seinem Vorschlag gemäß, nicht Bierbrauer werden?

Im Jahre 1964 war ich 23 Jahre alt. Ein Jahr zuvor hatte ich vor einer mir unbekannten Prüfungskommission das Abitur bestanden und war nun Student der Geschichte und Anglistik im Anfangssemester. Ich habe mich damals einerseits voll auf mein Studium konzentriert und musste andrerseits nebenher Geld verdienen und so blieb keine Zeit für Langeweile oder irgendwelche Nebenbeschäftigungen. Es gab da nämlich einige Herausforderungen in Sachen Sprachenerwerb: *Englisch* hatte ich seit der siebenten Klasse erlernt; *Französisch* war erst bei Gabbes Lehranstalten hinzugekommen. Nach drei Jahren Französischunterricht reichte es für eine mittlere Note im Abitur.

Im Rahmen meines Anglistikstudiums musste ich zusätzlich *Alt- und Mittelenglisch* als neue Sprachen studieren; aber um die Hauptseminarprüfung im Fach Geschichte zu bestehen, kam als bitterer Neuerwerb

Latein hinzu – und diese Sprache erschien mir kompliziert.

Mit einem etwas eigenwilligen Humorverständnis würde ich feststellen, dass mein Hobby damals im Erlernen *toter Sprachen* bestand, die mir später beim Unterrichten leider keine wirkliche Hilfe waren. Ach ja – es ging natürlich um das Erlernen ganz anderer Denkstrukturen und den daraus folgenden Erkenntniswert!

Anfang der 70er Jahre begann *Ingrid* (1945-2019), meine Frau, damit, sich der ehrenamtlichen Betreuung geistig und mehrfach Behinderter zuzuwenden. Gelegentlich bat sie mich um Unterstützung und ich habe ihr gern geholfen, weil es mich beeindruckte, mit welcher Hingabe sie Menschen auf der Schattenseite des Lebens betreute. Aber diese Tätigkeit ließe sich wohl nicht als *Hobby* bezeichnen, sondern eher als *Gemeinwesenarbeit*.

Es gibt noch eine andere Personengruppe, die unser aller Hilfe bedürfte – nämlich blinde Mitmenschen...

Ob Hobby oder Steckenpferd oder ehrenamtliche Tätigkeit – in aller Regel sind sie altersspezifisch.

Hochleistungssport, zum Beispiel, lässt sich kaum ein Leben lang betreiben und viele ehrenamtliche

Tätigkeiten müssen warten, weil wir sie als Berufstätige oder als junge Eltern einfach nicht in unsern täglichen Pflichtenkatalog einbinden können.

Seit langem koche ich gern. *Kochen* kann zum Hobby werden. Vielleicht kann ich mich *heutzutage* als einen sich selbst versorgenden Hobbykoch bezeichnen; aber als ich 23 war, hätte mich meine Mutter niemals in ihre Küche gelassen. Wäre ich heute mit 23 ein alleinstehender Single, würde ich gerne kochen (müssen).

Neulich wurde im Fernsehen eine Gruppe von Freiwilligen vorgestellt, die es sich zum Ziel gesetzt haben, mitten in unserer Stadt kleine bewaldete Oasen anzulegen, also Bäume und Sträucher zu pflanzen und diese zu hegen und zu pflegen. *Urban gardening* habe ich in der Schweiz kennengelernt und so etwas gibt es auch bei uns. Dies würde mir gefallen.

Bisher habe ich mich noch nie persönlich um Kinder in Not gekümmert - ein Versäumnis meinerseits?

Für eine Mitarbeit in der Freiwilligen Feuerwehr würde mir der Mut fehlen. Eher schon käme (Konjunktiv!) die DLRG für mich infrage. Die letztgenannten Freizeitaktivitäten hätten einen sozialen Anstrich – zum Wohle der Anderen und vielleicht auch meiner selbst. Sie wären für mich beinahe kostenneutral und dabei gewinnbringend und erfüllend. Wären sie jedoch ein echter Wunschtraum, hätte ich ihn längst zielstrebig verfolgt – egal, ob 23 oder 23+; aber jenseits all meiner unerfüllten Träume wären sie immerhin eine Möglichkeit – klar doch!

Ein Loblied auf die Bäume

In Berlin bedecken Bäume

Wahrlich glückhaft weite Räume.

Sie sind uns kostbar wie ein Schatz

Und dienen uns als Ankerplatz.

Sie filtern unsre Atemluft

Und C – O – 2 sinkt in die Gruft.

Trotz Sommerwetter, heiß und schwül,

Bleibt's unterm Baum erfrischend kühl.

Die dichte Krone strebt gen Himmel,

Wirkt riesengroß im Waldgetümmel.

Der Vogel baut sich seinen Horst

Im Walde dicht, in einem Forst.

(Tun Deinem Baum bei Eis und Schnee

Denn niemals Stamm und Äste weh?)

Du lehnst an ihm. Es schweift Dein Blick,

Lässt Deine Sorgen kurz zurück.

Sie hol'n Dich ein dann irgendwann,

Doch nicht, solang Du lehnst am Stamm.

Junge Bäume brauchen Pflege

Und nicht den Schmerz der Kettensäge!

Doch...

Der Bauherr zeigt uns voller Stolz

Sein neues Haus – erbaut aus Holz.

Und Kinder wär'n sein Lebenstraum.

Er schreibt ein Buch, pflanzt einen Baum...

Still ist's heute. Du musst lauschen:

Bäume hörst Du leise rauschen.

(J.H., 07/2023)

02 a. Gibt es eine Serie/ einen Film/ ein Buch/ ein Theaterstück, die Dich auf Deinem Lebensweg begleitet haben?

Während einer längeren Bahnfahrt habe ich mich neulich selbst getestet mit der Frage, welche Serien, Filme, Bücher oder Theaterstücke, die ich irgendwann gesehen oder gelesen habe, ich spontan aufschreiben könne.

Zu meiner Schande muss ich gestehen, dass es insgesamt lediglich sechzehn Titel waren, obwohl ich zu Hause viel mehr als sechzehn Meter Bücher besitze.

Irgendwie schien mein Gehirn blockiert.

Viel schlimmer war die Frage, welche davon ich im Einzelnen oder im Ganzen inhaltlich wiedergeben könnte. Kann da noch von „Begleitung" die Rede sein?

Gehen wir in Gedanken jetzt und sofort einmal durch eine Bildergalerie. Welche der von uns soeben bestaunten (gegenständlichen) Gemälde könnten wir am Ende konkret beschreiben? Von abstrakter Malerei mag ich gar nicht erst reden. Fanden wir viele Bilder der Ausstellung nicht gerade *schön* oder *beeindruckend* oder *interessant*?

Natürlich könnten wir uns damit herausreden, dass wir unsere Gespräche hinterher selten oder nie mit dem

Nacherzählen von Film- oder Romaninhalten oder der Wiedergabe von Theaterstücken oder Bildbeschreibungen bestreiten. Wie auffällig müsste jemand gekleidet sein, dass wir anschließend mit detektivischer Genauigkeit beschreiben könnten, was er am Leibe trug? Worum ging es eigentlich in der gerade vernommenen Predigt, die uns doch bewegt hat und läutern sollte? Wie zuverlässig sind unsere Wahrnehmung und unser Gedächtnis und die Fähigkeit, Erlebtes einigermaßen wahrheitsgetreu zu rekonstruieren?

Im Unterricht habe ich früher oft die sogenannte *point-of-view-technique* angewendet. Ein und dasselbe Geschehen wird von verschiedenen Erzählerstandpunkten referiert – und jedes Mal verschieben sich die Gesichtspunkte! Was war denn nun „wirklich" passiert?

Selbst wenn ich behaupten würde, dass uns einzelne Kunstformen wenigstens „unter der Hand" und damit unbewusst beeinflusst hätten, könnte ich es letztlich nicht eindeutig beweisen. Vielleicht könnten wir uns eher an einzelne Leitfiguren erinnern oder an eine bestimmte Atmosphäre, die hier und da gespiegelt wurde.

*

Unbestritten können wir uns allerdings an Schlüsselmomente erinnern, die unserm Leben, uns selbst betreffend, eine neue Richtung gegeben haben. Trotz dieser niederschmetternden Vorbemerkungen will ich mich nun aber doch wenigstens versuchsweise der vorgegebenen Frage stellen.

Im Jahr 1951 startete RIAS Berlin (der Rundfunk im amerikanischen Sektor) die Krimireihe **Es geschah in Berlin**, basierend auf wahren Geschichten. Bis zum Jahre 1972 wurden davon 499 Folgen produziert, von denen ich viele leidenschaftlich gern gehört habe. Ich kann heute nicht mehr sagen, wann ich als Hörer eingestiegen bin – möglicherweise Mitte der 50er Jahre bis spätestens 1960, weil ich danach keine Zeit mehr dafür hatte.

Es war jedenfalls spannend, die Arbeit der Gesetzeshüter zu verfolgen und sozusagen mit ihnen gemeinsam dem Recht zum Sieg zu verhelfen.

Zwischen 1959 und 1973 gab es im Fernsehen einen „Straßenfeger", nämlich die US-amerikanische Westernserie **Bonanza**. Dies war eine Familiensaga, in deren Mittelpunkt der Witwer *Ben Cartwright* (Lorne Green) und seine drei Söhne standen. Sie lebten allesamt auf der *Ponderosa-Ranch* nahe *Virginia City* und betrieben Rinderzucht. Sie bildeten ein

Männerquartett und standen ein für Recht und Ordnung, hatten einen unbestechlichen Gerechtigkeitssinn, waren hilfsbereit und hielten eisern zusammen. Wer kann derartigen Kardinaltugenden schon widerstehen? Wenn immer Ingrid und ich meine Großmutter in Spandau besuchten, sahen wir gemeinsam eine der Folgen und für Oma war danach ihre Welt in Ordnung. *Wann* das geschah? Vermutlich zwischen 1967 und 1974, der Zeitspanne zwischen unserer Verlobung und Omas Tod.

Zwischen 1978 und 1981 (immer noch vor der Wende) wurden 20 Episoden der tschechischen Fernsehserie **Das Krankenhaus am Rande der Stadt** ausgestrahlt. Als Zuschauer wurden wir mitgenommen auf eine orthopädische Station des Krankenhauses in der fiktiven Stadt *Bor*. Da ging es um Chirurgie und jede Menge Privates. Zentrale Gestalt war der Chefarzt *Dr. Karl Sova* – eine wahre Identifikationsfigur. In meinem Besitz befindet sich die Serie in Buchform von *Jaroslav Dietl*.

Ein anderer Arzt, der Chirurg Professor Klaus Brinkmann (Klausjürgen Wussow), war Mittelpunkt der ZDF-Kultserie **Schwarzwaldklinik**, einer Serie, die im Glottertal spielte und uns mit ihrem dramatischen Reigen um Hoffnung und Freude, Liebe und Leid, Tod und Leben zwischen 1985 und 1989 geradezu den Atem raubte und die Straßen zur Sendezeit leerfegte.

Auch heute (2023) laufen beliebte Serien wie **In aller Freundschaft** oder **Die jungen Ärzte**, die ihre treuen Fans (wie mich) haben. Natürlich spiegeln diese Kultserien nicht das „wahre" (Berufs-)Leben wider; vielmehr leben sie von Verfremdungseffekten, künstlichen Spannungselementen und schauspielerischer Darstellungskraft.

Serien stellen uns Leitbilder vor, mit denen wir uns anfreunden, freuen und um die wir bangen. In der Schule ist Abschreiben als Täuschungsmanöver verboten, aber manchmal möchten wir es unseren uns vertrauten Serienhelden täuschend ähnlich gleichtun und uns ihre Charakterstärken anverwandeln. Und dies ist *nicht* verboten – oder? –

*

Ich bin zunächst an drei Orten aufgewachsen, bis wir im Jahre 1968 nach unserer Hochzeit in „unser" Hochhaus in der Mellener Straße 1 in Lichtenrade umzogen.

In Schöneberg gab es in den 50er Jahren mehrere Kinos: den *Filmhof*, die *Tonburg*, das *Colonna*, das *Luna*, die *Filmbühne Sylvia*. Sie alle habe ich gelegentlich besucht, sofern ich nicht klamm bei Kasse war. Gab es später in Lichtenrade überhaupt ein Kino?

Ich erinnere mich an Filme über *Robin Hood* und auch an *Ivanhoe – der schwarze Ritter*, mit Robert Taylor in der Hauptrolle; letzterer entstand 1952.

Im Jahre 1954 wurde ein deutscher Spielfilm mit *Ewald Balser* in der Hauptrolle gedreht: ***Sauerbruch – Das war mein Leben***. Als ich diesen Film sah, war ich in der achten Klasse und besuchte die Fritz-Haber-Oberschule Technischen Zweiges am Tempelhofer Weg in Schöneberg. Ich muss damals 14 gewesen sein und war tief beeindruckt, wie Professor Sauerbruch, einer der „Götter in Weiß", in der Charité bei einem chirurgischen Eingriff den Umstehenden am Operationstisch haarklein erklärte, was er da gerade tue. Ich wusste kaum etwas von diesem Pionier der Thoraxchirurgie, dem Erfinder der Unterdruckkammer und Entwickler einer künstlichen Hand - aber ich war fasziniert von seiner Kunst des Erklärens.

Dies war die Geburtsstunde meines Berufswunsches: die Studienratslaufbahn. Ich wollte meinen Schülern später im Unterricht auch alles erklären dürfen.

Harper Lee, eine amerikanische Schriftstellerin, schrieb Anfang der 60er Jahre aus dem Blickwinkel von

Scout, der Ich-Erzählerin, die Geschichte von *Atticus Finch*, ihrem Vater, dem rechtschaffenen Anwalt im rassistischen Alabama der 1930er Jahre. Dieser Roman wurde verfilmt unter dem Titel **To Kill a Mockingbird** (dt. *Wer die Nachtigall stört*) mit *Gregory Peck* in der Hauptrolle. Wie gern hätte ich mir die Geradlinigkeit und den Mut des Atticus Finch zu eigen gemacht! Später habe ich diesen Roman mit meinen Englisch-Leistungskursschülern gelesen. Ob sie von dieser Geschichte ebenso angetan waren wie ich?

Im Jahre 1970 erschien die **Love Story** von *Erich Segal*, ein „Klassiker unter den Taschentuchfilmen", mit Oliver (Ryan O'Neil) und Jennifer (Ali McGraw) in den Hauptrollen. Der Film und auch das Buch haben mich emotional tief bewegt und niemand möge sagen, dass eine wahre Liebe durch den Tod des geliebten Partners jäh und überhaupt zerbrechen müsse.

Ich glaube, Filme können uns ganz nahe gehen, wenn wir uns mit den dargestellten Themen identifizieren können. Wir schluchzen mit den Helden und freuen uns über ihre Erfolge.

Es hat Zeiten gegeben, in denen ich fast alle Werke von *Theodor Fontane* und *Thomas Mann* gelesen habe. Vor der Wende habe ich mich mit damals im Westen erhältlicher DDR-Literatur befasst.

Als Student der Anglistik hatte ich natürlich auch eine lange Leseliste an englischer und amerikanischer Pflichtlektüre zu bewältigen; denn wer das Fach Englisch am Gymnasium unterrichten will, muss seinen Schülern auch ausgewählte englischsprachige Literatur nahebringen. Einer meiner Lieblingsschriftsteller ist übrigens der Amerikaner *Thornton Wilder*.

*

Bis zum heutigen Tage sehe ich gerne Liebesfilme im Fernsehen, Filme, die viele von uns *schnulzig*, also sentimental, fänden. Ich lese ständig und intensiv – nur frage mich bitte niemand, was ich da gerade gesehen oder gelesen hätte. Natürlich Filme und Bücher. Filme und Bücher, die mich „begleiten" – begleiten? Von wegen...

Auf dem Weg des Verstehens

Du fragst Dich neu von Tag zu Tag,

Höre, lerne und erfahre

Die Prägekraft der ersten Jahre,

Was Dich beeinflusst haben mag,

Eingepflanzt in früher Jugend.

Die Eltern haben's vorgelebt

In Deinem Wesen festgeklebt,

War'n Sünden es und wahre Tugend?

Hast nachgeahmt – mal falsch, mal richtig -.

Erfahrung ist, wie jeder weiß,

Erkauft zu einem hohen Preis.

Was And're taten,

war Dir wichtig.

Die Schule nun mit ihrer Norm

Hat vollgepfropft Dich bis zum Rand

Mit Wissen, Können und Verstand,

Hat mitgeprägt stets Deine Form.

Ob nun gedruckt, ob visuell,

Die Medien flugs für sehr viel Geld

Eröffnen Dir das Tor zur Welt.

Verschling' nichts ungefiltert schnell!

Das Denken hat nie ausgedient,

Das Denken erst bringt Dir Gewinn,

Entschlüsselt Deines Daseins Sinn.

Nimm auf, was sich geziemt!

Was ist *Fake* und was ist Klarheit?

Wenn Kompetenz nicht ist zur Hand,

Was hält dann unserm Urteil stand?

Es bleibt die Frage: Was ist Wahrheit?

(J.H., 2023)

02 b. Haben Dich diese Serien/Filme/Bücher/Theaterstücke vielleicht auch beeinflusst?

Was alles kann uns überhaupt beeinflussen und was alles kann uns prägen? Erfolgen diese Einflussnahme und Prägung vornehmlich durch konkrete oder fiktive Personen oder auch durch eigene Erfahrungen aus Büchern und die Beobachtung des täglichen Lebens?

Inwieweit werden hierbei einerseits unser Verstand und andrerseits unsere Gefühle angesprochen? Ist diese Einflussnahme für alle Zeiten festgeschrieben oder kann sie sich ändern? Verblassen unsere Leitbilder von einst, weil wir sie zunehmend kritisch einschätzen? Können wir Einflüsse jeglicher Art in ihrer Wirkmächtigkeit ausloten und ihre Herkunft eindeutig bestimmen?

*

Robin Hood und *Ivanhoe* und *Tarzan* wurden uns als Helden in der Blütezeit ihres Lebens vorgestellt – als guter Bogenschütze oder Degenfechter oder sich an Lianen durch den Urwald schwingender und muskelbepackter Naturbursche. Wieviel Mitleid müssten wir für sie aufbringen, wenn wir sie heutzutage als verwelkte Tattergreise erleben würden?

Begegne ich meinen bildhübschen Schülerinnen von einst heute bei einem Klassentreffen nach Jahrzehnten, so muss ich einmal kräftig schlucken. Wohin ist all ihr jugendlicher Liebreiz verflogen?

Dies gilt natürlich auch umgekehrt – was also mich selbst und meine äußere und wackelige Erscheinung anlangt.

Wenn ich obige Frage beantworten soll, so müsste ich in meine eigene Wertewelt eintauchen. Ich müsste herausbekommen, wer ich eigentlich bin und wie sich meine persönliche DNA ausnimmt. Kenne ich mich überhaupt selbst?

Über das Singen

Wir singen hoch, wir singen tief,

Wir ölen unsre Stimme.

Wir singen laut und manchmal schief,

Wir schärfen unsre Sinne.

Mit Leidenschaft wir singen gern,

Mit Freude hier - auf unserm Stern.

(J.H., 2023)

Im Tagesspiegel (S. 17) vom 01.10.2023 findet sich zum Thema Singen das Folgende: Singen ist gesund. Es kurbelt den Kreislauf an, stärkt die Abwehrkräfte, lässt besser schlafen und verlängert sogar das Leben. Und ein gutes Gefühl gibt's obendrein, dank freigesetztem Endorphin, Serotonin, Dopamin und Adrenalin. Und all das auch dann, wenn man mal falsch singt.

03. Wie hat Dich die Nachkriegszeit geprägt?

Die Nachkriegszeit war ein einziges *Chaos*, eine Zeit chaotischer Zustände! Ein „Chaos" ist ein Durcheinander. Etwas ist aus den Fugen geraten. Ein Kuddelmuddel. Der Duden definiert diesen Begriff als ein „wüstes Durcheinander", als eine „Auflösung aller Ordnung".

Ganz gewiss entsprach die Zeit des Nationalsozialismus nicht dem, was wir unter einer rechtsstaatlichen Ordnung verstehen, basierte sie doch am wenigstens auf einer freiheitlich-demokratischen Grundordnung.

Vielleicht darf ich es etwas lax formulieren:

Eine nachfolgende Unordnung löste die vorherige ab; aber es wurden neue Leitplanken eingezogen. Die alte Unordnung machte mit Hilfe der Westalliierten einer neuen staatlichen Ordnung Platz, einer nunmehrigen Ordnung, in der es sich leben ließ.

Manchmal sehen wir uns im privaten Bereich einem Chaos ausgesetzt, das wie eine höhere Gewalt über uns hereingebrochen zu sein scheint. Vielleicht fragen wir uns dann möglicherweise selbstironisch, ob wir ungewollt zum Vorstand eines Chaosclubs geworden sind. Oft ist unser Chaos schier hausgemacht.

Wir könnten uns ihm ergeben und passiv daran leiden.

Wir könnten ihm aber auch mit Verhaltensänderungen und brauchbaren Lösungen entgegensteuern, also unsere Zukunft aktiv in die Hand nehmen.

Ein hausgemachtes Chaos bereitet uns Angst und lässt uns nicht ruhig schlafen. Es kann entstehen,

wenn wir die Lücke zwischen Wunsch und Wirklichkeit nicht überbrücken können;

wenn unsere Erwartungen, die uns zur Verfügung stehenden Mittel überschreiten und wir uns womöglich ihretwegen verschulden;

wenn wir mehr kaufen als wir benötigen;

wenn wir alles haben wollen, was das Auge nur sieht;

wenn wir unsere Ansprüche künstlich hochschrauben,

wenn wir mehr scheinen wollen als wir tatsächlich sind.

Wenn sich das öffentliche Chaos am Ende mit dem privaten vermengt, dann gilt die Warnstufe rot.

*

In der Nachkriegszeit stießen sich vermutlich viele Wünsche an der harten Wirklichkeit. Nach der Währungsreform war das neue Geld knapp bemessen und an sich ging es für eine kurze Zeit allen, theoretisch und rein materiell gesehen, mehr oder weniger gleich. Die Anspruchshaltung musste vorerst kollektiv gesenkt werden, aber eine gesellschaftliche Gleichheit aller Bevölkerungsteile sollte sich trotzdem nicht einstellen; denn, wie zuvor, gab es neben einigen Wohlhabenden bald jede Menge Habenichtse, die im persönlichen Chaos versanken.

Wenn immer politische Systeme auseinanderbrechen, tritt im ideologischen Bereich und damit im Denken vieler Zeitgenossen eine verwirrende geistige Leere ein – ein Chaos im Denken und Empfinden. In diesem Durcheinander wuchs ich auf.

Woran kann ich mich in Bezug auf die Nachkriegszeit (also ab 1945) überhaupt noch erinnern?

Kriegszerstörungen allerorten; Straßenbahnwagen mit Papp"fenstern"; Wohnungsnot und unliebsame „Einquartierungen"; unzählige Flüchtlinge und Binnenwanderung; Lebensmittelkarten und Rationierungen; Währungsreform; Brennnesseln zu „Spinat" verarbeitet; Schlagcreme statt Schlagsahne; Mangelwirtschaft; Murmelspiel und Hopse auf den Gehwegen; Lumpenkleidung; Spielen in der Schulruine gegenüber; Trümmerfrauen; PKWs mit

Kohleantrieb; Schichtunterricht in der Schule; Stromsperren; Russenphobie; Kaugummis der Amis; Deutsche Mädchen und amerikanische Soldaten…; Streifenwagen der Besatzungsmächte; Improvisationskünste wegen des täglichen Mangels an allem.

Ich bin großgeworden in Zeiten des Waffenstillstands, aber ohne eine wirkliche Friedensordnung rundherum. Ich bin großgeworden in West-Berlin (mit Bindestrich und in zwei Wörtern geschrieben), im amerikanischen Sektor, an der Schnittstelle zwischen Ost und West – irgendwann später zwischen NATO und Warschauer Pakt gelegen. Mein Vater hatte zwischen 1939 und 1945 als Opfer der Kriegspropaganda (Vernichtung des Bolschewismus, Vernichtung des internationalen Judentums, Erweiterung des deutschen Lebensraums) mit vermutlich eher unkritischer innerer Überzeugung von der Richtigkeit der „deutschen Sache" an mehreren Fronten gekämpft, war im Kessel von Stalingrad verwundet worden und kam erst 1947 aus amerikanischer Kriegsgefangenschaft in Paris ins zivile Leben zurück.

Wenn der spätere deutsche Bundeskanzler *Helmut Kohl* in Bezug auf seine eigene Generation von der „Gnade der späten Geburt" sprach, so wollte er damit vermutlich ausdrücken, dass es ihm glücklicherweise erspart geblieben war, in der Bugwelle des Nationalsozialismus mitschwimmen zu müssen.

Mein Vater (seit seinem achten Lebensjahr Halbwaise) musste sich als vormaliger Unteroffizier bei der Deutschen Wehrmacht nun neu orientieren, auch in beruflicher Hinsicht. War er zuvor Dekorateur gewesen, sattelte er nun zum Polsterer und Tapezierer um.

Meine Mutter war in meinen ersten sechs Lebensjahren praktisch alleinerziehend gewesen und sich nie so ganz gewiss, ob mein Vater den Krieg überleben und einigermaßen gesund und wohlbehalten zu uns zurückkehren würde. Sie war fürsorglicher und zugleich ängstlicher Natur. Gemeinsam mit ihrer Mutter (meiner Großmutter mütterlicherseits) und ihrem Bruder (meinem geliebten Onkel) war sie als junges Mädchen vor ihrem unleidlichen, saufenden und jähzornigen Vater (meinem mir unbekannten Großvater mütterlicherseits), der überdies gerne fremdging, geflüchtet. Sie war von Beruf Verkäuferin und Kassiererin. Meine Eltern waren beide acht Jahre zur Volksschule gegangen.

Wenn wir uns die Bevölkerungsstruktur im damaligen Deutschland als einen Tannenbaum vorstellen, so war dieser aufgrund der vielen Toten des Zweiten Weltkrieges in der Mitte ganz schön ausgefranst. Kriege pflegen viele Witwen und Waisen zurückzulassen.

Ich erinnere mich noch an meine Lehrzeit bei der Berliner Commerzbank. Eine Angestellte in der Zinsscheinabteilung hatte das Foto ihres im Krieg gefallenen Verlobten zur Erinnerung immer noch auf ihrem Schreibtisch stehen und damals waren bereits anderthalb Jahrzehnte seit Kriegsende vergangen...

Ist es verwunderlich, dass zu meinem Lehrpersonal während meiner Schulzeit einerseits sehr viele blutjunge, andererseits aber auch in unseren Augen „uralte" Lehrer gehörten, Lehrer, die von der nationalsozialistischen Propaganda mit Sicherheit ganze Breitseiten abbekommen hatten?

Lassen sich eingetrichterte politische Überzeugungen und Gesinnungen auf Knopfdruck einfach über Bord werfen?

Boten sie meinen einstigen Lehrern nicht sogar einen gewissen Schutz- und Rückzugsraum, da diese doch stets behaupten konnten, im Dritten Reich gesetzestreu auf Befehl oder zumindest weisungsgemäß gehandelt zu haben? (Wer trägt letztlich die Schuld an Untaten? Der Befehlsgeber, der den Befehl ja nicht ausführen musste oder der Befehlsempfänger, der sich auf den ihm erteilten Befehl berufen konnte?)

Wie glaubwürdig und innerlich zerrissen war eigentlich die Generation meiner Eltern?

Es mag für unsere Lehrer ja vergleichsweise einfach und wertneutral gewesen sein, nach Kriegsende naturwissenschaftliche Fächer zu unterrichten, weil diese am wenigsten ideologieverdächtig waren.

In allen weiteren Fächern werden sie vermutlich einen eher faktenbasierten Unterricht erteilt haben, um sich nicht auf ideologieverseuchtes Glatteis zu begeben und angreifbar zu machen. (Ob sich diese Balanceakte auch in der DDR wiederholt haben?)

Bedingt durch die politische und militärische Blockbildung und Bedrohungslage nach 1945 waren mir viele Vorgänge jenseits der Grenze und besonders ab 1961 jenseits von Mauer und Stacheldraht unbehaglich.

Wir erlebten Berlin als „Frontstadt" und die Grenze quer durch Deutschland als gefährliche Schnittstelle zwischen West und Ost.

Gewiss, ich habe inzwischen die Neuen Bundesländer sowie die Slowakei und Tschechien, Ungarn und Polen

als einstige sowjetische Satellitenstaaten besucht –
aber dies geschah anfangs zugegebenermaßen eher
zögerlich.

*

Ich bin großgeworden im Geltungsbereich des
(Bonner) Grundgesetzes. Mir hat die freiheitlich-
demokratische Grundordnung überaus wohlgetan und
ich habe mir die Einheit schon aus reiner Neugier auf
die ehemalige DDR herbeigewünscht – aber auch
diese Wunscherfüllung hat bekanntlich gedauert!

Ich bin also großgeworden in erspürter persönlicher
Freiheit unter dem Schutz der drei Westmächte und
der sich daraus ergebenden politischen Westbindung;
aber die politische und militärische Bedrohung aus
dem Osten war in unserem Befinden allgegenwärtig
und spürbar, insbesondere, sobald wir die Transitwege
zwischen West-Berlin und der Bundesrepublik
Deutschland durchquerten.

*

In meinem Mülleimer von heute findet sich kaum
weggeworfenes Essbares. Gelegentlich bereite ich mir
notgedrungen Mahlzeiten mit Lebensmitteln zu, deren
Haltbarkeitsdatum fast abgelaufen ist und die
verwertet werden müssen. Es kommt daher vor, dass

ich sie manchmal nur mit langen Zähnen esse – aber ich habe immerhin nichts aussortiert!

Kleidung trage ich heute zu Hause noch so lange, bis sie regelrecht auseinanderfällt. Dinge, die ich nicht unbedingt brauche, will ich auch gar nicht haben. Mein Paddelboot in den 60er Jahren war zwar mein Eigentum, aber ich fühlte mich verpflichtet, es auch zu benutzen – selbst bei schlechtem Wetter; denn dieser Besitz sollte sich ja „lohnen" und die Bootsstandsmiete nicht verpulvert werden. So habe ich früh gelernt, dass nicht unbedingt notwendiges Eigentum zum unliebsamen Ballast werden kann.

Ich lebe weiterhin gefühlt bescheiden, versorge mich selbst und das Bewusstsein, dass ich mir wenig gönne, macht mich irgendwie froh. Ich gebe ganz gern ab, aber Faulheit und Bettelei gehen mir auf die Nerven. Ich hatte noch nie das Gefühl, etwas „nachholen" zu müssen.

Ich bin weder arm noch arm dran; aber aus damaliger Zeit wirkt nach, dass es mir gar nicht schwerfällt, auf etwas zu verzichten. Aus der Not des Mangels wurde für manche von uns damals die Tugend des Verzichtens.

Andrerseits kostet meine nunmehr geräumige Wohnung eine Menge Geld und unsere gemeinsamen

Individualreisen waren vormals viel teurer als Pauschalreisen an Orte, für deren Bezahlung galt: „all inclusive".

Zwischen 1970 und 2020 bin ich ein halbes Jahrhundert lang Auto gefahren; wir hatten stets die fast kleinsten Modelle, die uns jedoch immer ans Ziel brachten. Materielle Statussymbole sind mir seit jeher fremd.

Es könnte Mitte der 50er Jahre gewesen sein, als ich im Führerhaus eines Milchtankwagens der *Meierei C. Bolle* zum ersten Male auf Reisen ging – für ganze zehn Mark (DM). Abgeladen wurde ich damals in *Dorfmark* bei *Fallingbostel* und verlebte anschließend drei Wochen auf einem Bauernhof in der Lüneburger Heide. Wer ließe sich mit solch einem bescheidenen Reiseziel gegenwärtig noch aus seinem Versteck hinter dem Ofen hervorlocken?

Wenn wir heutzutage Jugendliche in meinem damaligen Alter befragen würden, wohin sie bisher gereist seien, würde uns der Unterschied zu meinen einstigen Reisegewohnheiten schnell in die Augen springen.

Vielleicht hat mich die Nachkriegszeit gelehrt zu verzichten und meine Wünsche flach zu halten. Sie hat mich nicht zum Feinschmecker gemacht, liebe ich doch bis heute eher derbe Kost (nur keine Innereien!). Sie hat mich mit dem Gefühl der Angst konfrontiert und mich vielleicht "unter der Hand" dazu gebracht, brenzligen Situationen aus dem Weg zu gehen. Aus mir ist nie ein *Robin Hood*, *Ivanhoe* oder *Tarzan* geworden. Leider?

Nein, meine Spurweite war eben eine ganz andere.-

Am Ende frage ich mich manchmal, wie aussagekräftig unsere persönlichen Erinnerungen sind und welche Messlatte wir anlegen sollen. Sicherlich war in der Nachkriegszeit eine Aufbruchsstimmung spürbar. Für viele Zeitgenossen mag auch eine qualvolle Vergangenheitsbewältigung begonnen haben, verbunden mit allen möglichen Rechtfertigungsversuchen und Rückzugsmanövern; denn was zuvor als richtig gegolten hatte, war nunmehr als falsch deklariert.

Wofür konnte man im Nachhinein belangt werden? Musste man sich vor der Zukunft fürchten? Wie ließen sich Verluste bewältigen (Vater gefallen, Onkel verschollen, Mutter traumatisiert)? Wo gab es Anlaufstellen, die Trost hätten spenden können?

*

Ich bin gefragt worden; aber wie kann ich mich selbst einschätzen? Ist meine Einschätzung der Lage von damals in Stein gemeißelt und das letzte Wort? Ja, was hat mich am Ende nachweislich geprägt? Wer war daran beteiligt? Wer bin ich überhaupt – ich, das altgewordene Kriegs- und Nachkriegskind von einst?

Über das Tanzen

Volle Drehung, voller Schwung,

Seitwärts ran und vor, zurück,

Dann Wiegeschritt mit viel Geschick,

So bleiben wir im Herzen jung.

(J.H., 09/2023)

04. Was hat Dir Kraft gegeben, wenn es Dir mal nicht so gut ging?

Wann geht es uns Menschen „mal nicht so gut"'?

Wenn uns Ungerechtigkeit widerfährt?

Wenn wir uns um unsere Zukunft sorgen?

Wenn uns Prüfungsangst aus dem Gleichgewicht bringt?

Wenn uns eine ärztliche Diagnose den Boden unter den Füßen wegzieht?

Wenn unsere Liebe nicht mehr erwidert wird und wir verlassen werden?

Wenn wir Enttäuschungen kaum verkraften können?

 Wenn wir uns um die Zukunft unserer Stadt, unseres Landes und unseres Planeten sorgen?

Wenn uns unser Spiegelbild nicht mehr gefällt?

Wenn wir uns für unser Verhalten schämen müssen?

 Wenn wir Fehlentscheidungen bereuen?

Wenn uns unser Mitgefühl übermannt?

Wenn wir Menschen verlieren?

Wenn wir von schlechten Gewohnheiten nicht lassen können?

Es geht uns offensichtlich nie gut, wenn wir vor schier unlösbar erscheinenden Herausforderungen stehen oder Krisensituationen zu meistern haben, die uns den Atem rauben. Wenn es einfach nicht rundläuft. Wenn unsere Erinnerungen eingetrübt sind.

Da die Frage *an mich* gestellt ist, muss ich nun Farbe bekennen: Wann also ging bzw. geht es *mir* „mal nicht so gut"?

Ich galt als Jugendlicher nicht nur als „schüchtern und bescheiden", sondern auch als harmlos. Das berühmte Wässerchen konnte mich nicht trüben? Weit gefehlt!

In der Grundschule war vor Weihnachten *Julklapp* üblich. Jeder loste den Namen eines Mitschülers oder einer Mitschülerin und musste ein kleines Geschenk besorgen und beizeiten anonym abgeben. Aus *Christas* Augen kullerten dicke Tränen, weil sich ihr eingewickeltes „Geschenk" als simpler Holzbauklotz entpuppte. Glücklicherweise hatte unsere Klassenlehrerin eine Ersatzgabe für sie zur Hand. Wer nur konnte der anonym gebliebene schuftige Verursacher dieses Herzeleids sein? Mir geht die Erinnerung an diese peinliche Situation nicht aus dem

Sinn: Ich schäme mich noch heute dafür und dann geht es mir mental einfach nicht gut. *Christa*, das war damals einfach nur gemein von mir. Entschuldigung! Tatort: Belziger Straße 50. Im Vorgarten stand ein Verteilerkasten und auf dem saß *Lothar*. Wie konnte ich nur auf den Gedanken kommen, ihn an den Füßen zu greifen und vom Kasten herunterzuziehen? Er verletzte sich am Steißbein und war tagelang krank. Ich glaube, er hat mich nicht verraten. Ich hatte Schuld auf mich geladen und wenn ich an mein perfides Verhalten denke, selbst nach so langer Zeit, dann geht es mir nicht gut.

Als ich etwa vierzehn war, schenkte mir mein Vater ein Luftdruckgewehr zum Scheibenschießen in meinem Zimmer. Dies erschien mir nur für kurze Zeit interessant und als mich irgendwann die Langeweile plagte, begann ich in unserm Hinterhof vom Parterre aus auf die Regenrinnen am Dach über dem vierten Stock zu zielen – und ich traf mühelos. Klack! Ich schoss auch in das offene Flurfenster da oben ohne die möglichen Folgen zu bedenken. Klack! Glücklicherweise war niemand da, den ich hätte treffen können. Anderen Menschen Leid zuzufügen wäre das Letzte, wonach mir der Sinn stehen würde. Der Gedanke an mein unbedachtes Verhalten verwirrt mich noch heute und auch dann geht es mir nicht gut.

In den späten 70er Jahren könnte es gewesen sein. In einer 7ten Klasse wollte ich meinen Schülern die Groß- bzw. Kleinschreibung im Englischen erklären, als sich bei mir plötzlich Übelkeit sowie Seh- und Gleichgewichtsstörungen einstellten. Mir ging es wirklich nicht gut. Ich musste die Klasse wankend verlassen, wurde in einem Nebenraum des Schulsekretariates auf einer Liege platziert und nach einer Weile von einem Rettungswagen ins Hubertus-Krankenhaus befördert. Dort erhielt ich keine hilfreiche Diagnose, sondern torkelte alsbald zur Schule zurück. Ich wartete in der Hausmeisterloge, bis mich Ingrid mit dem Auto abholte, nachdem ihr unser Schulleiter, Herr *Dr. Helmert*, telefonisch von meinem bedenklichen Zustand berichtet hatte. Unser Hausarzt stellte tags darauf eine **vegetative Dystonie** fest und danach nahm ich meinen Unterricht wieder auf. Einfach so. Allerdings wurde mir klar, dass ich angesichts meines Vollzeitjobs und der Mitverantwortung für unsere beiden noch kleinen Kinder grundsätzlich kürzertreten müsse.

Demzufolge habe ich dann meinen abendlichen Lehrauftrag an der VHS Schöneberg nach sieben Jahren nicht mehr verlängert. Mir fiel es damals schwer, mich zu schonen und einzuschränken; aber ich musste schließlich einsehen, dass ich zumindest in Teilen ersetzbar und keineswegs unverwüstlich war. Ich denke, dass es damals mein (teilweise vielleicht falsch verstandenes) *Pflichtbewusstsein* war, das mir die Kraft gab, einfach weiterzumachen.-

Ein Lehrer wählt im Rahmen des Curriculums den Unterrichtsstoff aus, vermittelt ihn gemäß der von ihm erlernten Methoden und überprüft anschließend den Lernerfolg seiner Schüler nach bestem Wissen und Gewissen. Hoffentlich! So also sieht eine niederschwellige Gewaltenkonzentration aus!

Menschen, die den Lehrberuf ausüben, werden selten jedermanns Freund sein können. Im Gegenteil, sie sind vielfältigen Anfechtungen und herber Kritik ausgesetzt, insbesondere, wenn ihnen (wie auch mir) eine eher strenge Beurteilungstendenz eignet. Noch nie ist mir ein Schüler begegnet, der eine schlechtere Zensur wollte als ich sie ihm erteilt hatte. Und kaum ein Schüler oder Student wird es mir je abgenommen haben, dass ich es angesichts seiner schlechten Note dennoch immer noch „gut" mit ihm meine. Oft wird erstrebte Gerechtigkeit in ausgeübte Willkür umgedeutet. Wir alle können subjektiv unser Bestes geben wollen, ohne dass es am Ende objektiv als gut genug ankommt. Lehrer und Schüler, „Täter" und „Opfer", tragen verschiedene Brillen, durch die sie blicken und die Dinge auf je eigene Weise wahrnehmen.

Oft hat mich die Frage gequält, ob ich mit meinem Urteil richtig lag und dann ging es mir meist nicht so gut. War ich wieder einmal an der **Frage der Gerechtigkeit** gescheitert?

Was mir die Kraft gegeben hat, solche Situationen innerlich zu überstehen? Entscheidend war für mich am Ende stets, ob mein *Gewissen* mitspielte und ob ich vielleicht nicht doch noch eine Chance zum Ausgleich zu vergeben hatte.

*

Ich brauche lange Zeit, um abends einschlafen zu können und mich quälen nach der Phase des Tiefschlafes zuweilen **Alpträume.** Manchmal habe ich mir schon vorgenommen, sie nachts aufzuschreiben; aber am Ende ist es dann bequemer, sich auf die andere Seite umzudrehen und (oft vergeblich) neuen Schlaf zu suchen. Mal verpasse ich im Alptraum einen Bus, mal erreiche ich meinen Anschlusszug nicht. Meine Beine sind dann wie gelähmt und ich komme einfach nicht voran. Stets sind diese Träume beklemmend und bedrückend. Letztens bin ich völlig verwirrt aufgewacht, wobei mir mein Alptraum – wie so oft – schon nach kurzer Zeit gar nicht mehr erinnerlich war. Aber meist geht es bei mir um ***Versagensängste***. Ich schaffe etwas nicht oder komme mir einfach nicht gut genug vor für irgendetwas. (Vielleicht werden sich diese Alpträume noch verstärken, je weiter, altersbedingt, mein Zutrauen zu mir selbst und meine Leistungsfähigkeit abnehmen.)

Mir geht es beim Aufwachen dann wirklich nicht gut und ich versuche zumindest tief durchzuatmen und mich zu beruhigen. Vielleicht liegen die Ursachen meiner Alpträume auch in meiner inneren Veranlagung: Ich halte mich nämlich für einen *Perfektionisten*, der allen Aufgaben und Herausforderungen nur begegnen mag, wenn er hundertprozentig vorbereitet ist - und sich damit zuweilen selbst im Wege steht. Mich quälen Misserfolge. Ich muss alles im Griff haben! Und was wäre die Konsequenz?

Es gibt seit dem Jahre 2006 zum Beispiel keine einzige der bisher 345 Seniorenwanderungen unter meiner Leitung (Stand 2024), die ich nicht akribisch vorbereitet hätte. Ohne dieses Gefühl der Sicherheit geht es mir überhaupt nicht gut.-

Der 06.08.2019 war der Todestag meiner Frau. Sie war gestorben nach einer sehr langen Zeit des Leidens, einer Zeit, in der es mir selbst nicht wirklich gut gehen konnte. Wir hatten 2018 unsere Goldene Hochzeit noch gemeinsam in schlichtem Rahmen feiern können und waren darüber hinaus 56 Jahre lang Hand in Hand gegangen. Wir alle - Verwandte, Freunde und Bekannte - hatten sie begleitet und waren für sie „da" gewesen, ohne jedoch die Uhr ihres Lebens zurückstellen zu können. Niemand konnte ihr helfen. Wie konnte es mir gut gehen, wenn ich sie so leiden sah?

Vielleicht hat mir die Einsicht Kraft gegeben, dass ich dankbar sein sollte für die gemeinsam erlebte Zeit, unsere gegenseitige Treue und dass schließlich auch meine Tage gezählt sein würden.

Im Tagesspiegel vom 01.08.2023 fand ich bewegende Worte von *Sarah Müller-Westernhagen*: *Für jeden Menschen, den man im Leben treffe, gebe es im Herzen einen Raum, den man jederzeit besuchen könne, wenn er das eigene Leben wieder verlasse. Niemand könne uns die Erinnerung nehmen.*

Erinnerung und *Dankbarkeit* und mein *Überlebenswille* haben mir über Ingrids Tod hinaus Kraft gegeben.

*

In einem modernen Märchenfilm wird einem Mädchen eingeschärft: „Sei mutig und freundlich!"

Mut und Freundlichkeit werden hier sozusagen als Gestaltungsmittel der Gegenwart und Zukunft dargestellt. Sie könnten das Mädchen wohl am ehesten davor bewahren, dass es ihm „mal nicht so gut" ginge.

Uns geht es oft nicht so gut, wenn uns etwas missglückt oder wenn uns eine innere Anspannung lähmt. Dazu folgendes Beispiel:

Auf einer Wanderung in der Schweiz bin ich vor nicht allzu langer Zeit mit meinem linken Schuh über den vor diesem eingepflanzten Walking-Stick gestolpert, aufs Gesicht geknallt und habe mir Schürfwunden zugezogen. Mir ging es wirklich nicht gut, aber ich musste wieder aufstehen und weiterziehen. Was sonst?

Uns lähmt eine innere Anspannung, weil wir nicht sicher sind, ob wir mit einer Herausforderung fertig werden.

Vielleicht bietet es sich an, das Bevorstehende in Einzelteile zu zerlegen und dieselben Schritt für Schritt anzugehen. Kleine Schritte sind leichter zu bewältigen, weil sie überschaubar sind. Sie entschärfen die schwierige Situation.

Ich halte mich für einen brauchbaren Moderator und Gesprächspartner, der durchaus zuhören kann. Diskussionen oder Debatten jedoch meide ich.

Mir geht es dann nämlich nicht gut, weil ich langsam im Denken bin und weil mir oft die nötige Schlagfertigkeit fehlt – auch wenn ich noch so mutig wäre!

Vielleicht trifft es ja zu, dass es zwei Dinge sind, die uns Kraft zum Leben geben: Das *Haus* und die *bildlose Hoffnung*.

Ich persönlich habe ein Dach über dem Kopf und versuche alle bevorstehenden Aufgaben einfach anzupacken in der Hoffnung, dass sie mir auch gelingen.

Nach meinem Gefühl geht es mir ja, ehrlich gesagt, insgesamt oft gar nicht so schlecht – eher selten oder nur manchmal.

Über die Musik

Musikkonserven zentnerschwer,

Gekauft, geschenkt – schon lang ist's her.

Sie steh'n in meinem Plattenschrank,

Verstauben schon mein Leben lang.

Noch bin ich nicht gestorben

Doch merklich alt geworden.

Ich finde Zeit nun. Stück für Stück

Schenkt mir Musik ersehntes Glück.

Sie belebt mich lebenslänglich.

Traumhaft schön und unvergänglich,

Gibt sie mir Kraft und neuen Mut.

Mein Herz, es jauchzt; es geht ihm gut.

Ob jeder Stil mir auch behagt?

Ganz ehrlich sei's von mir gesagt:

Harmonisch muss sie schweben,

Will sie mein Herz beleben.

(J.H., 09/2023)

05. Wie war der Tag, als Dein erster Enkel geboren wurde?

Zoobesuch an beliebigem Ort. Wir beobachten Tiere mit ihren Jungen, den *cubs*, die an den Zitzen der Muttertiere hängen, sich an sie kuscheln, ungemein schutzbedürftig sind und, unbeholfen tapernd, allmählich ihre Umwelt entdecken. In der Verhaltensforschung sprechen wir vom *Kindchenschema* und meinen damit, dass insbesondere die kleinen menschlichen Babies unserer Hilfe und Liebe in besonderem Maße bedürfen, weil sie sich noch nicht selbst behaupten können und so schuldlos-liebenswert seien. Wir wiegen sie in unseren Armen, sie werden weitergereicht und liebkost. Manchmal wird zu ihnen mit merkwürdigen Schnalzlauten und in einer phantasiereichen „Babysprache" gesprochen, die sich im umgekehrten Falle jeder alternde Erwachsene seinerseits als Zumutung verbitten würde.

Wir sprechen auch mit Tieren und erzählen ihnen alles Mögliche, was sie freilich nicht verstehen können. Vermutlich beruhigt sie weniger der Inhalt des Gesagten, sondern unsere sanfte Stimme und sie schöpfen Vertrauen zu uns, weil wir friedfertig klingen.

Als **Patrick**, mein erster Enkel, geboren wurde, hielt auch ich ihn im Arm, sprach ihn von Anfang an bewusst mit seinem richtigen Namen an und vermied jegliche Verniedlichung seines Vornamens. Als sein empathischer und doch eher nüchterner Großvater war ich zwar nicht sein Erziehungsberechtigter, jedenfalls nicht in vorderster Front; aber ich würde daran teilhaben ihn zu beschützen und ihn ohne jegliche belehrende Einmischung ins Erziehungsgeschehen begleiten. Mir war bewusst, dass gegenseitiges Vertrauen kein Selbstläufer sein würde. Vielleicht würden mir seine Eltern von Zeit zu Zeit Verantwortung übertragen – man würde sehen...

Ich kann mich, ehrlich gesagt, heute (nach zwanzig Jahren) nicht mehr wirklich an das Wetter an Patricks Geburtstag erinnern. Vermutlich war es sonnig und trocken auf meinem Weg per Auto zum St. Joseph-Krankenhaus in Tempelhof. Oder müsste ich sagen „auf unserem Weg", weil Ingrid als frischgebackene Oma möglicherweise dabei war?

Bis zu meiner Pensionierung hatte ich damals noch drei Jahre Schuldienst vor mir und befand mich höchstwahrscheinlich in einer latenten Stresssituation, die durch Ingrids chronische Krankheit und mein kaum mehr zu übersehendes Alter noch negativ verstärkt wurde.

Mit Sicherheit habe ich mich über Patricks Geburt gefreut, wobei ich von Natur aus, wie gesagt, kein Mensch bin, von dem man überschwängliche Gefühlsausbrüche in jeglicher Form erwarten würde. Diese charakterliche Eigenart hat Patrick längst an mir entdeckt. Meine Freude und mein Stolz waren wohl eher leiser Natur und da ich die Schwangerschaft meiner Tochter aufmerksam verfolgt hatte, war die Geburt meines Enkels am Ende fällig und kam keineswegs überraschend. Natürlich sind Schwangerschaft und Geburtsvorgang nie ganz risikofrei, aber diesbezügliche Ängste hatte ich wohl gedanklich verdrängt.

Silke war damals erschöpft und ich habe meinen Antrittsbesuch daher auch nicht über Gebühr ausgedehnt. Zuvor hatte ich ihr gesagt, dass sie sich nicht wundern möge, dass ich ihr Kind – egal, ob Junge oder Mädchen – niemals „krallen" oder mich in irgendeiner Form aufdrängen würde. An diese Absichtserklärung habe ich mich stets gehalten, auch wenn ich später in Patricks Betreuung verstärkt eingebunden sein sollte; aber dieser Tatbestand war ja bei seiner Geburt nicht vorhersehbar. Vorhersehbar war es auch nicht, dass uns später eine von meiner Seite als innig empfundene Großvater-Enkel-Beziehung verknüpfen würde.

Ich möchte die Eingangsfrage gern umformulieren: *„Welche Gedanken gingen Dir durch den Kopf, als Dein erster Enkel geboren wurde?"*

Bevor unsere beiden eigenen Kinder geboren wurden, hatten Ingrid und ich Vorbereitungskurse besucht, in denen wir über den Umgang mit unserm Nachwuchs geschult wurden. Ob es ähnliche Kurse auch für angehende Großeltern gibt?

Großeltern gehören nur in Ausnahmefällen zu den Erziehungsberechtigten und stehen, wie gesagt, für gewöhnlich nicht in der ersten Reihe der Bezugspersonen. Sie tun gut daran, sich aus dem unmittelbaren Erziehungsgeschäft herauszuhalten, weil dies zuallererst Elternsache ist!

Trotz dieser Überlegungen war mir klar, dass wir für unseren Enkel wichtig sein würden. Wir sollten stets unaufgeregt darum bemüht sein, für ihn als Leitbilder zu fungieren. Wir würden später sicherlich (wenn auch ohne Streit) nicht immer derselben Meinung sein, aber er sollte spüren, dass wir ihn treu begleiten und ihm ein sicherer Hafen sein würden, den er bei Bedarf getrost würde anlaufen können.

Ich habe mich selbst bisher zwar kaum jemals über meine Kinder und Enkel definiert, aber ich möchte sie nicht missen – keinesfalls und niemals!

Kleine Lebensweisheit

Nur kein Jammern und Verzagen,

Nur kein Seufzen und kein Klagen!

Geh' Deinen Weg bergauf still weiter,

Auf Deiner steilen Lebensleiter!

Verweise Böses in die Schranken,

Vergiss für Gutes nicht zu danken!

Verscheuche Deine Sorgen

Und freue Dich auf morgen!

(J.H., 10/2023)

06. Erzähle mir von einer schönen Reise von Dir!

Es war im Sommer 1970. Eigentlich hatten wir vorgehabt, mit einem gebrauchten Auto in Richtung *Nordkap* zu fahren, aber sowohl Ingrid als auch ich waren unglücklicherweise durch die erste Führerscheinprüfung gefallen. Enttäuschend? Nein, ärgerlich, weil mit weiteren Kosten verbunden – und viel Geld hatten wir doch nicht!

Trotzdem – es blieb bei Skandinavien, genauer gesagt, bei Finnland. Wir fuhren mit dem Zug von Berlin nach Stockholm und setzten von dort mit der Fähre nach *Turku* über, der früheren finnischen Hauptstadt. Am *Saimaa-See* hatten wir ein Ferienhaus in *Vuoriniemi* gemietet und vermutlich sind wir ab Turku mit dem Bus dorthin gefahren.

Finnland empfanden wir als relativ flach und als dichte Waldlandschaft, durchsetzt von zahllosen Seen. Für zwei Wochen lebten wir nun in einer Blockhütte, gemütlich und funktional eingerichtet. Zu dieser Hütte gehörte auch ein Ruderboot, mit dem wir mehrmals auf „unsere" kleine Felseninsel mitten im See hinausfuhren. Da saßen wir beide, tief in unsere Lektüre versenkt. Wir saßen hoch oben auf den Felsen. Dicht an dicht. Ingrid las in einem Fachbuch über Jugendarbeit und ich in einem über Resozialisierung;

denn ich wollte mich vorbereiten auf meine (am Ende wurden es sieben Jahre) ehrenamtliche Arbeit als Strafvollzugshelfer in Tegel. Die Abendsonne wanderte hinter uns langsam zum Horizont und unter uns rannten kleine Wellen gegen die Felsen an. Es war wohlig warm, der Wind lau, der See still. Unser Boot hatten wir rückwärtig sorgfältig vertäut.

*

Da saßen wir Beiden still nebeneinander, seit zwei Jahren verheiratet und seit acht Jahren (mit Unterbrechung) miteinander vertraut. Wir lasen friedlich, vielleicht sogar konzentriert. Wir sahen uns gelegentlich an und ließen unsere Blicke in die Ferne über den See schweifen. Wir atmeten die friedliche Ruhe. Oft habe ich später Ingrid gegenüber „unsere kleine Insel" erwähnt und die Nähe zu meiner Frau und den tiefen Frieden, den ich damals in mir verspürt hatte. Noch heute, nach mehr als einem halben Jahrhundert, sind meine Erinnerungen an diese Reise und an diesen Tag wach in mir.

(Im Gegensatz zu mir erinnerte sich Ingrid später viel lieber an unsere Kanada Durchquerung mit dem Auto von Toronto nach Vancouver und hinweg über die Rocky Mountains.)

Eines Tages hatte unsere Vermieterin die Sauna für uns angeheizt und da schwitzten wir nun beide unfreiwillig um die Wette und tauchten anschließend in den See. Damit hatte sich das Thema „Sauna" für uns lebenslänglich erledigt.

Nie werde ich vergessen, dass wir eines Tages in die nächste Bucht gerudert sind, um einzukaufen. Ich fragte nach Petersilie und hatte vorher den finnischen Begriff nachgeschlagen: *persilia*, wie ich meinte. Groß war unser Erstaunen, als uns ein geköpfter Salzhering angeboten wurde, den wir freilich nicht wollten – aber wir konnten wirklich nicht sagen, *was wir denn eigentlich wollten*, weil wir ja kein Finnisch sprachen.

Die Tafel Schokolade kostete beim Ladeninhaber eine Finnmark, bei seiner Frau 1,10. Auch hier konnten wir nichts reklamieren, sondern mussten die Schokolade genießen – egal, was sie nun wirklich kosten mochte.

Nach zwei Wochen Hüttenurlaub fuhren wir mit der Bahn von Helsinki nach *Rovaniemi*, flogen von dort nach *Ivalo* und stiegen um in den Bus nach *Kirkenes*. Von dort nahmen wir das Schiff Richtung *Bodö* in Norwegen.

Das Nordkap bekamen wir leider nicht zu Gesicht, weil wir nicht damit gerechnet hatten, dass das Schiff südwärts durch die Enge zwischen dem Festland und der Insel, auf der das Nordkap liegt, fahren würde.

Hierbei lernte ich eine herbe Lektion: Ich bin seeuntauglich! Ein für allemal.

Wir haben neben Finnland noch Island und Norwegen, Dänemark und Schweden bereist – also Skandinavien pur; aber meine Gedanken landen immer wieder bei unserer kleinen finnischen Insel und der Stunde des Glücklichseins.

07. Gab es ein Ereignis, was Dein Leben besonders geprägt hat?

Mein Vater hatte während seiner Ausbildung bei der Deutschen Wehrmacht Boxsport betrieben. Ich erinnere mich an seine Prügelstrafen, die er mir mit harter Faust verabreichte. Auch meine Mutter hatte eine schlagkräftige Hand, die ich gelegentlich in meinem Gesicht spürte. Als vermutliche Folge davon wurde ich von einer schrecklichen Krankheit geplagt, die mir mit meinem geminderten Selbstbewusstsein einen weiteren Tiefschlag versetzte. Vielleicht hätte es schon genügt, wenn mir meine Eltern erklärt hätten, weshalb mein Verhalten im Einzelfall falsch gewesen sei; denn ich empfand ihre körperlichen Züchtigungen an mir stets als Demütigungen, die mir nicht guttaten.

Als ich im Jahre 1961 von *Hannelore*, meiner ersten Freundin, umarmt und geküsst wurde, erfuhr ich eine „Spontanheilung", nämlich die vom Bettnässen, die auch nach ihrer Trennung von mir anhielt – bis heute.

Danke, Hannelore!

Aus diesen persönlichen Erfahrungen hatte sich mit Blick auf die Erziehung unserer beiden Kinder und meiner Schüler bei mir *eingeprägt*, ihnen gegenüber niemals respektlos zu verfahren oder jemals ihre jugendliche Seele zu knicken – zumindest nicht bewusst oder absichtsvoll.

Für mich galt stets mein ungeschriebenes „Gesetz der Umkehrbarkeit": Mein Handeln in Wort und Tat gegenüber anderen Menschen müsste für mich ebenso hinnehmbar sein, wenn sie mit mir in gleicher Weise verfahren würden.

Erziehung sollte grundsätzlich „leise" geschehen. Natürlich dürfen wir Gefühle haben und diese auch äußern – aber möglichst nie brachial oder mit Vorwürfen überladen, sondern in schlichten Ich-Botschaften, die begründet und somit als nachvollziehbar wirksam sind.

Ich habe mich vor meinen Eltern lange geängstigt und bin mir nicht sicher, ob sich meine Erinnerungen an sie hätten löschen lassen, selbst wenn sie irgendwann einmal ihr Gewissen geplagt hätte und ein Wort der Entschuldigung über ihre Lippen gekommen wäre; denn was wir sagen, ist gesagt und was wir tun, ist getan. Deshalb hänge ich einer Verantwortungsethik an, die bereits im Voraus die Folgen unseres Tuns oder Lassens bedenkt.

Während meiner eigenen Schulzeit war ich nie so ganz sicher, ob ich aufgrund meiner stillen und ruhigen Wesensart nicht irgendwann einmal gemobbt würde.

Als sich die Gelegenheit ergab, ließ ich mich (Anti-Mobbing-Methode) zum Klassensprecher wählen und wurde später als Schulsprecher Mitglied des Berliner Schülerparlamentes, wo ich jedoch nie die Rede ergriff, weil ich im Grunde bei meiner Unsicherheit nicht viel zu sagen gewusst hätte.

Ich hatte somit als Schüler zwei Funktionsstellen inne, die mich vor Anfeindungen schützten und mir prägend gezeigt haben, dass es sich mitunter lohnen könne, sich auf das Wagnis einer herausgehobenen Stellung einzulassen und sich somit ein Stück weit unantastbar (wenn auch nicht immer argumentativ unangreifbar) zu machen.

*

Es gab in meinem Leben offensichtlich nicht nur *ein* Erlebnis von besonderer Prägekraft, sondern gleich mehrere davon; aber nach meinen bisherigen Erinnerungen möchte ich nun endlich auf das Jahr **1963** und die folgende Zeit zu sprechen kommen:

Von 1957 bis 1960 war ich Banklehrling bei der Berliner Commerzbank AG gewesen und unmittelbar nach meiner Lehrabschlussprüfung begann ich bei Gabbes Lehranstalten am Rüdesheimer Platz mit der Vorbereitung meines angestrebten externen Abiturs, was ja unabdingbare Voraussetzung für mein anschließendes Studium der Geschichte und Anglistik an der FU war.

Natürlich konnte ich nicht wissen, ob es mir vielleicht bei der Bank am Ende nicht doch gelungen wäre, mich allmählich hochzudienen; aber ich wäre dort vermutlich nicht glücklich geworden.

Nun hieß es also, von montags bis freitags zwischen 18.00 und 22.15 Uhr die Schulbank zu drücken und mich in neun Fächern auf die Abiturprüfung am Herrmann Ehlers-Gymnasium/ Steglitz vorzubereiten.

Bei Gabbes war für ein Schuljahr lediglich ein halbes Zeitjahr vorgesehen, was bedeutete, dass der Unterrichtstoff in sehr verdichteter Form dargeboten wurde. So besuchte ich zunächst die Klassenstufen 10 bis 12, pausierte aus Gründen der physischen Erschöpfung ein halbes Jahr und wiederholte die 13. Klasse freiwillig, um vor allem in Mathematik und Französisch bessere Karten zu haben.

Wir mussten damals in vier Fächern (Deutsch, Englisch, Französisch, Mathematik) eine schriftliche Abschlussarbeit anfertigen und wurden an zwei darauffolgenden Tagen in neun Fächern (zusätzlich Geschichte, Geografie, Physik, Biologie und Chemie) geprüft. Dies bedeutete, dass wir unser Wissen in insgesamt 18 Spezialgebieten bereithalten mussten.

Und Französisch hatte ich bei Gabbes bis zur Abiturreife (schließlich mit befriedigendem Erfolg) völlig neu lernen müssen. Mein Abi-Durchschnitt betrug lediglich 3,0.

Dabei fand meine Prüfung in Chemie ein vorschnelles Ende: Ich sollte nämlich Wasser (H_2O) und Salz ($NaCl$) zusammengeben, was bei mir spontan HCl (Salzsäure) und $NaOH$ (Natronlauge) ergab. Der Kommentar der Prüferin lautete: Leider falsch – und viel Vergnügen beim Genuss Ihrer gesalzenen Kartoffeln! Fünf!

Nie, so nahm ich mir damals vor, würde ich meinen späteren Schülern bewusst eine derartige Falle stellen!

Für meine Eltern waren meine Ambitionen in Richtung Abitur und Studium ein wenig schleierhaft; denn als Sohn einer Arbeiter- und Handwerkerfamilie verfolgte ich damit seltsam schräge Ziele. So ist es nicht verwunderlich, dass sich am Ende niemand so richtig mit mir über mein Abiturzeugnis freuen wollte. Meine Eltern waren verreist; Wolfgang, mein damaliger mit mir befreundeter Kollege, nicht greifbar – und so musste ich mit meiner unfassbaren Freude alleine fertig werden.

Wenn ich an diese Tage zurückdenke, so bin ich erstaunt über die damalige Speicherkapazität meines

Gehirns. Ich bin gleichfalls erstaunt über die Unmengen trägen Wissens, die ich während der Zeit an der Abendschule und später an der Uni in mich hineinscheffeln musste. Ich bin erstaunt darüber, wie weit uns unsere Zielsetzungen tragen können; wobei das Erreichen der Ziele an sich jedoch Fleiß und Beharrlichkeit und ein wenig Können erfordert. Die Erkenntnis, dass sich Beharrlichkeit lohnen kann – dies hat mich *geprägt*.

Als ich Ingrid, meine spätere Frau, einige Wochen danach auf dem Kirchentag in Dortmund kennenlernte, war sie sich ihrer beruflichen Zukunft keineswegs so sicher. Sie hatte nämlich am Ende der 12. Klasse im *Albrecht-Dürer-Gymnasium* in Neukölln mit sieben Fünfen auf dem Abgangszeugnis das Handtuch geworfen. Sie wollte *Jugendpflegerin* werden und war vielleicht selbst erstaunt und glücklich, wie hervorragende Arbeiten sie nunmehr in ihrer nebenberuflichen Ausbildung im Haus am Rupenhorn schrieb.

An ihrem Schicksal wurde mir klar, wie wichtig es für einen jeden von uns ist, für sich den richtigen Platz an der richtigen Stelle zu finden. Sie war eine sehr gute Praktikerin mit großem Interesse an allen Fächern, die mit Psychologie und Pädagogik zu tun hatten. Sie war spontan, impulsiv, großzügig, kreativ, unternehmungslustig, musikalisch und tänzerisch begabt und stets bereit, sich zu vervollkommnen und weiterzubilden. Sie beherrschte mehrere Instrumente. Sie war eine gute Sozialpädagogin und eine verlässliche Mutter unserer beiden Kinder, jemand, der sich kümmerte und sorgte.

Wie oft habe ich sie später in unserer Küche beobachtet, wie sie mit Hilfe ihres aufgeschlagenen Kochbuches lernwillig zum ersten Male leckere Mahlzeiten zubereitet hat.

Als *ich* einen Lehrauftrag an der FU und anschließend an der VHS Schöneberg hatte, war *sie* selbst Lehrbeauftragte an der Mütterschule Tempelhof.

Geduldig hat sie meine ungelenken Etüden am Klavier über sich ergehen lassen.

Inzwischen (2024) feierten wir das 28ste Berliner Senioren-Chorfest im Britzer Garten, ihre ursprüngliche Kreation, die ich weitergeführt habe, als sie gesundheitlich nicht mehr auf der Höhe war.

Am Anfang waren *wir es gemeinsam*, die sich dazu entschlossen hatten, Hand in Hand den Weg Richtung Horizont zu gehen. Silke und Andi wurden geboren und wir waren somit eine Familie. Ich habe stets versucht, unserer kleinen Familie Sicherheit und Halt zu geben und habe dieses Gefühl der Geborgenheit auch zurückerhalten.

Oft haben wir darüber gelacht, wenn ich ihr sagte, dass wir beide zusammen ein gutes Auto ergäben: sie sei der *Motor*, ich die *Bremse*. Und des Öfteren haben wir uns gegenseitig versprochen, treu füreinander da zu sein – bis zuletzt...

Ich nenne diese gestaltete Gemeinschaft im Sinne der Fragestellung ein Phänomen besonderer Prägekraft.

08. Was macht Dich glücklich?

Meine kleine Schweizer Familie ist bei mir zu Gast, auch am heutigen Montag, 16.10.2023. Nach dem Frühstück sitze ich beobachtend auf dem Sofa, als *Nico*, mein kleiner Enkel, fröhlich lachend auf mich zugestürmt kommt und sich an mir hochhangelt, bis er schließlich mit seinen nackten Füßen auf und über mir auf meinen Schultern steht. Diese „Bergbesteigungen" finden wiederholt statt, bis er schließlich erschöpft aufgibt.

Einige Augenblicke später deutet *Noelia*, seine Schwester, auf einen Untersetzer, den sie für mich gebastelt hat. Ich sage ihr, dass ich es schön fände, dass sie ihn für mich gemacht habe. Ihre leise Antwort: „Und ich finde es schön, dass Du mich magst."

Diese beiden Szenen waren für mich *Glücksmomente* – ebenso wie die Augenblicke, wenn sie beide mit ihrem Opa raufen und ihre Kräfte erproben. Wir sehen uns eher selten, aber wir haben zueinander Vertrauen geschöpft und sind einander nahbar.

Einst stürmte Patrick als damals kleiner Junge treppauf und treppab durch die Wohnung und rief mir aus freien Stücken mit heller Stimme zu: „Opa, ich habe Dich lieb!"

Sollte mich solch ein Ausruf kalt lassen? Heute würde er vermutlich als *uncool* gelten und wäre undenkbar.

Diese Beispiele zeigen die Offenheit kleiner Kinder und die ungefilterte Ehrlichkeit ihrer Gefühle. Oft tun sie uns gut.

Als *Andi*, unser Sohn, etwas älter war als jetzt seine eigenen Kinder, liebte er es, mehrmals am Tag mit mir zu raufen. Dies bescherte mir Glücksmomente, denn er suchte meine Nähe und schämte sich seines Vaters *nicht*. Nie hielt er von mir ängstlichen Abstand und während einer Theateraufführung in der *Askanischen Oberschule*, seinem einstigen Gymnasium, sah ich zu meiner Verwunderung meinen eigenen dunklen Anzug über die Bühne schreiten. Es hatte ihm nichts ausgemacht, bei einer DS-Aufführung in meine Kleidung zu schlüpfen. Bis zum heutigen Tage sind wir einander stets vertrauensvoll begegnet und nie respektlos.

Gern würde ich das Wort glücklich durch *Glücksmomente* ersetzen, weil ich glaube, dass uns „das Glück" niemals wie ein Teppich flächendeckend zu Füßen liegt, ein Teppich, auf dem wir erhobenen Hauptes stets zufrieden und unbedenklich dahinschweben können. „Glücksmomente" haben den Vorteil, dass sie ständig wiederkehren und einstweiliges Pech ablösen können – wenn auch nicht stets auf Abruf, so doch oft völlig unerwartet. Glücksmomente werden durch angenehme Erinnerungen ausgelöst, die nie so ganz verblassen. Es bereitet uns Glücksmomente, wenn uns zuweilen unerwartet **Vertrauen** geschenkt wird.

Hierzu ein weiteres persönliches Beispiel: Es könnte im Jahre 1999 gewesen sein. *Rahel*, eine nunmehr langjährige Freundin in weiter Ferne, trat ihr Referendariat an unserer Schule an. Ich hatte an ihrem ersten Tag die Frühaufsicht in der Eingangshalle und war deshalb ihre erste kollegiale Kontaktperson an ihrer neuen Arbeitsstelle. Wir begrüßten einander mit Handschlag und einige Tage später rief sie mich zuhause an und stellte mir sieben Fragen. Die fünfte lautete, ob ich ihr Mentor werden würde. Ich versuchte vergeblich, sie an jüngere Kollegen zu verweisen; doch sie ließ nicht locker.

So trafen wir uns ein Jahr lang mittwochs in einer gemeinsamen Freistunde und ich verriet ihr aus meinem „grünen Buch" alle möglichen zusammengetragenen pädagogischen Weisheiten, alphabetisch geordnet unter einzelnen Stichwörtern, wie beispielsweise „Vorbereitung von Klassenarbeiten, Klausuren und deren Rückgabe", „Impulstechnik",

„Medien im Englisch- und Geschichtsunterricht" und vieles mehr.

Nach Ablauf ihres ersten Ausbildungsjahres standen unseren wöchentlichen Treffen divergierende Stundenpläne im Wege, aber ich blieb weiterhin ihr Ansprechpartner und ließ mich im Zuge ihrer Zweiten Staatsexamensprüfung als Mitglied ihres Prüfungsausschusses kooptieren.

Da wir damals beide in verschiedenen Kirchenchören sangen, luden wir uns gelegentlich gegenseitig zu unseren Konzerten ein. An ihre Prüfung schlossen sich seinerzeit sechs weitere Prüflinge aus ihrem Seminar an, da Rahel mich vermutlich auch denen als ihren Prüfungs-Beisitzer weiterempfohlen hatte. Ich hatte mir diese Bestellung als Beisitzer völlig unbürokratisch vorgestellt und nicht damit gerechnet, dass sich daraus zwangsläufig ein ordentliches Berufungsverfahren seitens des Landesschulamtes ergeben würde.

Man stellt sich doch nicht einfach gutmütig zur Verfügung, nein, man wird hochoffiziell und ehrenamtlich gleich für mehrere Jahre bestellt – was letztlich auch keinen Unterschied im Hinblick auf den persönlichen Einsatz macht; aber vielleicht war diese von mir als umständlich empfundene amtliche

Bestellung am Ende sogar zu meinem juristischen Wohl und Schutz gedacht. (Ich denke da an mögliche und mir glücklicherweise erspart gebliebene Widerspruchsverfahren, sollte ein Kandidat mal durchgefallen sein.)

Leider war an unserer Schule anschließend keine Stelle für Rahel frei, aber unser Schulleiter vermittelte sie an ein anderes Gymnasium in Berlin. Bis heute (2024) ist unsere freundschaftliche Beziehung noch nicht ganz abgerissen. Sie und ich – wir *vertrauten* einander und dies hat sich über die Jahre nicht verändert!

Glücksmomente bereitet mir ferner die Gewissheit, eine **Familie** zu haben und in diese eingebunden zu sein. Ich darf helfen, mich nützlich machen und für sie „da" sein und erfahre Zuneigung und Liebe, ohne diese jemals einzufordern oder ständig ausloten zu müssen.

Um es metaphorisch auszudrücken:

Ich darf auf den Schwingen meiner Familie mitfliegen.

Gelegentlich hat mich meine Frau früher ein wenig mokant gefragt, weshalb ich die Studienratslaufbahn eingeschlagen habe. Vermutlich hatte sie erwartet, ich würde ihr beichten, es sei wegen der vielen Ferien gewesen. Diese Antwort wäre nur scheinbar stichhaltig ausgefallen; denn ich hatte damals errechnet, dass ich mit meinen Fächern und meinem persönlichen Arbeitsaufwand (bei drei Wochen Jahresurlaub) auf ununterbrochen 52 Wochenstunden Arbeitszeit kam, also täglich mehr als sieben Stunden, inklusive Samstag und Sonntag - die weiten Anfahrtswege nicht eingerechnet.

Im Übrigen war auch sie eine unermüdliche Arbeiterin in ihren diversen Rollenspielen als Sozialpädagogin, Mutter, Hausfrau und im Ehrenamt.

Nein – mir ging es ums Lehren und Anleiten und Lenken, wobei mir die Altersgruppe der Gymnasiasten aus Erfahrung noch mehr lag als die der Studenten an der Freien Universität oder der Erwachsenen an der Volkshochschule.

Na ja, ging es mir wirklich und ausschließlich nur um den Erziehungsauftrag? Nochmals nein; denn ich war schließlich in meiner Stellung *verbeamtet* und hatte ein geregeltes und auskömmliches Einkommen. Vielleicht hätte ich es auch in meinem ersten Beruf als Bankkaufmann zu etwas gebracht, aber da habe ich so meine Zweifel, weil mir diese Berufstätigkeit nur wenig Freude bereitete und diese Freudlosigkeit vermutlich spürbar war. Es fehlten mir einfach die Glücksmomente! Ich fühlte mich für das Lehramt wie geschaffen und war in vielerlei Beziehung abgesichert – vor allem finanziell.

Nach Jahrzehnten der sozialen Einschränkungen, vor allem während der Studienzeit und auch noch während des Referendariats, gab mir dieser Beruf endlich die ersehnte soziale **Sicherheit**. Und dieses Sicherheitsgefühl löste ebenfalls anhaltende Glücksmomente in mir aus.

*

Gern würde ich die obige Frage ins Gegenteil verwandeln: „Was macht Dich **unglücklich**?"

Antwort: Wenn ich *Ablehnung* erfahren würde oder *nicht gern gesehen wäre*; wenn ich jemanden *leiden sähe* und ihm *nicht helfen könnte*; wenn die Sonne über irgendeinem *Streit ohne Versöhnung* unterginge; wenn man mir nachweisen könnte, auf fahrlässige Weise *ungerecht gewesen* zu sein; wenn mich jemand *aufdringlich* fände; wenn sich meine Ziele als *utopisch* herausstellen würden; wenn ich *Dankbarkeit* erwarte, die mir *mit Undank* und Vorwürfen vergolten wird.

Diese Liste mag unvollständig sein, aber die Beispiele sollen genügen.

Glücksmomente bereitet mir meine augenblickliche Lebenssituation, in der ich selbst das Alleinsein gut ertrage, weil ich mich niemals einsam, sondern irgendwie geborgen und ausgefüllt fühle.

Noch kann ich mein **Leben selbstbestimmt gestalten** und mir Aufgaben stellen, die es dann zu erfüllen gilt – oder auch nicht, je nach Anspruch, Bedürfnis und Dringlichkeit. Ich bin die jahrzehntelange Bürde der Verantwortung gegenüber den Anderen weithin los und fühle mich relativ frei.

Natürlich bin ich ständig auf dem Sprung, Verantwortung zu übernehmen, aber ich habe die Wahl, ob und wann und in welchem Maße ich dies zu tun bereit bin und mich nützlich mache.

Ach Leute, diese Aussage stimmt wieder nur zum Teil; denn solange wir leben, sind wir doch immer wieder gefordert und lassen dies zu, wohl vor allem, weil der persönliche Erfolg unsere Eitelkeit streichelt und uns damit immer wieder Glücksmomente beschert.

Das ist doch so – oder?

09. Was ist für Dich *Urlaub*?

Um diese Frage zu beantworten, würde ich mich anfangs gern einem inneren *brain storming* unterziehen – so wie wir es früher oft in der Schule getan haben.

Hier folgen nun wahllos Gedankensplitter zum Begriff „Urlaub":

sich nach Möglichkeit von zuhause entfernen und unterwegs sein weg vom Alltag daheim

sich in einer fremden (und zunehmend vertrauten) Umgebung zurechtfinden

seinen Urlaubsort erkunden

Risiken in Kauf nehmen

andere Menschen und ihre Gewohnheiten kennenlernen

vielleicht eine Urlaubsbekanntschaft machen

Urlaubsfotos schießen

dem täglichen Pflichtenkatalog entrinnen und die Beine von sich strecken

Neues erkunden und dazulernen

sein Begleitpersonal in unterschiedlichsten Situationen kennenlernen

Eindrücke miteinander teilen

sich entspannen und einfach nur genießen

zuvor für die Urlaubskasse ansparen

zwar sparsam haushalten, aber nicht jeden Cent umdrehen müssen

abschalten und sich erholen

seine altersgemäßen Fähigkeiten ausloten

neue Kräfte und Energien sammeln

gern nach Hause zurückkehren und alle Aufgaben frisch gestärkt anpacken

Wikipedia definiert **Urlaub** als *die Zeit, die ein arbeitsfähiger Arbeitnehmer, Beamter oder auch Selbständiger von seinem Arbeitsplatz berechtigt fernbleibt, obwohl nach Tages- oder Wochenzeit eigentlich Arbeitsleistungen zu erbringen wären.*

Wenn ich diese Definition richtig verstehe, kann ich als pensionierter Beamter gar keinen Urlaub mehr machen; denn ich habe natürlich keinen Arbeitsplatz mehr und kann ihm demzufolge gar nicht berechtigt fernbleiben. Arbeitsleistungen könnte ich zwar noch in eingeschränktem Maße erbringen, aber niemand verlangt sie von mir – und ich will mich keineswegs aufdrängen!

Ich gehöre der Welt der Werktätigen schon lange nicht mehr an. Dienstreisen kommen nicht mehr in Frage. Meine steuerpflichtigen monatlichen Pensionszahlungen sind wohl eher als meine von mir verdiente Altersversorgung gedacht – oder? Müsste ich erst einen Job annehmen, um wieder ein vollwertiger Mitmensch zu sein?

Wenn ich meine Familie in der Schweiz besuche und dort auf Fotos auftauche, so sind diese – auf mich bezogen – gar keine *Urlaubsfotos*? Ja, aber... Tiefe Ratlosigkeit!

Während meiner fast sechsjährigen Tätigkeit als Bankkaufmann (1957-1963) war ich ein „arbeitsfähiger" und *urlaubs*berechtigter Arbeitnehmer; während meines Studiums an der FU hingegen einerseits immer noch Arbeitnehmer in studentischen Jobs und andererseits Student, der der Uni nur in der vorlesungsfreien Zeit fernblieb.

Meinen dortigen späteren Lehrauftrag konnte ich wiederum nur während der *Vorlesungszeit* wahrnehmen.

36 Jahre lang war ich in Folge zuerst beamteter Studienreferendar, anschließend Assessor des Lehramtes, dann Studien- bzw. Oberstudienrat und blieb der Schule während der *Ferienzeit* berechtigt fern, wobei ich an diese Zeiten gebunden war. Mit den Ferien war mein Urlaub abgegolten.

Aus dienstlichen Gründen konnte ich von den Unterrichtsverpflichtungen an meiner Stammschule freigestellt bzw. beurlaubt werden; aber dies war natürlich überhaupt kein *Urlaub*, weil ich zum Beispiel nach 1990 auftragsgemäß Unterrichtsbesuche im Ostteil der Stadt vorzunehmen hatte oder als Beisitzer anlässlich eines Zweiten Staatsexamens in Prüfungskommissionen berufen wurde und in dieser Eigenschaft quer durch Berlin fuhr oder im Rahmen des Ersten Staatsexamens Prüfungsvorsitzender im *Amt für Lehrerprüfungen* war – übrigens oft in meinen Schulferien und - da ohne jegliche Aufwandsentschädigung – im Grunde genommen rein ehrenamtlich.

*

*Mit **Ferien** werden Zeiträume bezeichnet, in denen eine Einrichtung vollständig schließt, um ihren Angehörigen andere Tätigkeiten, insbesondere Erholung zu ermöglichen* (Wikipedia).

Für mich sahen Ferien in meinen einzelnen Lebensphasen höchst unterschiedlich aus, wobei ich den Grad der Erholung nie wirklich ausloten konnte.

Zum ersten Male bin ich, wie bereits anderswo erzählt, 1955 im Führerhaus eines Milchtankers der *Meierei C. Bolle* für DM 10,00 nach *Fallingbostel* mitgefahren, um dann drei Wochen auf einem Bauernhof bei *Dorfmark* in der Lüneburger Heide zu verbringen. Erinnerlich ist mir noch, wie ein Hofangestellter ein Huhn köpfte, den Kadaver aber nicht fest genug im Griff hatte und wie das kopflose Huhn erratisch übers Gelände lief; wie der Hofeigentümer, einer derer *von Pander*, täglich skeptisch zum Himmel blickte und um seine Ernte fürchtete; wie ich einmal auf einem Pferderücken sitzen durfte und mich dabei schrecklich unwohl fühlte; wie ich in einem eklig-morastigen Tümpel zu schwimmen versuchte; dass ich mir dort wie ein sozialer und großstädtischer Fremdkörper, ein *underdog*, vorkam, der sich an eiserne Tischregeln zu halten hatte. Fazit: Einmal und nie wieder!

Nach meiner Konfirmation im Jahre 1955 ging ich mit der Evangelischen Jugend Alt-Schöneberg bis 1960 während der Schulferien jährlich einmal auf große Fahrt, anfangs als Gruppenmitglied, später als Jugendgruppenleiter z.B.

- rund um den (ausgetrockneten) Edersee und quer durchs Siegerland

- quer durch den Bayerischen Wald und

- quer durch Schleswig-Holstein

Waren das wirkliche *Ferien*, angesichts der Verantwortung, die auf meinen noch jugendlichen Schultern lastete und angesichts der Anstrengungen bei sengender Hitze mit dem „Affen", dem Kochgeschirr und der Klampfe auf meinem Rücken und dem Wimpel der Gruppe „Artus" in der Rechten?

Der *Grosse Brockhaus* (1964) definiert „Urlaub" wie folgt:

1. als Erlaubnis, vom *Dienst* fernzubleiben,

2. als die Zeit des Fernbleibens von *beruflicher Arbeit* (bei fortlaufenden Bezügen).

Wenn wir *dieser* Definition folgen, dann war ich vor 1957, also vor Beginn meiner Ausbildung zum Bankkaufmann, eigentlich nie in Urlaub; denn als Schüler unterlag ich bis zur zehnten Klasse der allgemeinen *Schulpflicht* und hatte keine fortlaufenden Bezüge.

Oder lassen sich die schulischen Pflichtjahre etwa als „Dienst" betrachten?

Nein, wir hatten landesweit gültige Oster- und Sommer-, Herbst- und Winterferien. Von „beruflicher Arbeit" jedenfalls konnte in dieser Zeit wohl kaum die Rede sein.

Bin ich also auf meinen Reisen ab 1955 nur in den Ferien und nach 1957, dem Beginn meiner Lehre, nie so recht in Urlaub gewesen, sondern war einfach nur auf Reisen „unterwegs"?

Wenn ich *Arbeit* als *werteschaffende Leistung* definiere – welche Werte haben wir dann (trotz unserer harten Arbeit dort) in der Schule geschaffen?

Oder galten meine Lehrlingsvergütungen zwischen 1957 und 1960 schon als fortlaufende Bezüge und die 27 Urlaubstage während der Berufsschulferien als *Fernbleiben von beruflicher Arbeit*?

Welche Rolle spielt eigentlich das persönliche Empfinden, ob für mich eine Auszeit von bestimmten Tätigkeiten als *Ferien* oder als *Urlaub* einzustufen ist? Irgendwie haben doch beide Begriffe mit einer Unterbrechung des Alltäglichen zu tun, mit Abstand von der gewohnten Umgebung. Urlaub ist mehr als ein Tagesausflug und offenbar mit zeitlicher Dauer verknüpft.

Mir gefällt folgende begriffliche Differenzierung: Solange ich als Schüler zur Schule ging, hatte ich **Schulferien**. Während meiner Ausbildung zum Bankkaufmann hatte ich einerseits als Berufsschüler **Ferien** und zugleich als Lehrling in der Depositenkasse und im Hauptgeschäft **Urlaub**, den ich während meiner Berufsschulferien nehmen musste.

Als Student an der FU hatte ich später **Semesterferien**. Oder handelte es sich eher nur um eine „vorlesungsfreie Zeit"? Also: In Bezug auf die Zeit unserer Schulbesuche sprechen wir von „Ferien", während wir während unserer Berufstätigkeit nach unserer Ausbildung nur noch „Urlaub" nehmen.

Urlaubswünsche werden in Urlaubslisten eingetragen und mit den Kollegen abgestimmt. Da der Betrieb aufrechterhalten werden muss, können niemals alle zugleich Urlaub nehmen – es sei denn, es gelten allgemeine *Betriebsferien*, mit denen der jährliche individuelle Urlaubsanspruch abgegolten ist. Es bleibt dann nur zu hoffen, dass die Betriebsferien der Arbeitnehmer und die Schulferien ihrer Kinder zeitgleich verlaufen.

Schul- und Semesterferien „hat man" als Schüler oder Auszubildender oder Student einfach – da braucht nichts abgestimmt zu werden. Sie sind ministeriell im

Voraus auf Jahre festgelegt und mit den anderen Bundesländern abgestimmt; denn wir können ja als Gesamtbevölkerung nicht alle zugleich auf Reisen gehen.

Gelegentlich bin ich allerdings von Eltern darum gebeten worden, ihre Kinder über die Ferien hinaus vom Unterricht zu beurlauben, da die schulischen Ferienzeiten oft mit den privaten elterlichen Urlaubsansprüchen kollidierten.

Seit meiner Pensionierung im Jahre 2006 gehe ich weder in Urlaub, noch habe ich Ferien. Ich bin dann, vereinfacht gesagt, nur „einfach mal weg", also auf Reisen oder sonst wo. Ich genieße den Ortswechsel und lasse meinen selbstgewählten und liebgewordenen Alltagskram zur Abwechslung hinter mir.

Wenn wir zwischen *Ferien* und *Urlaub* unterscheiden, dann dreht es sich offenbar um arbeitsrechtliche Begriffe oder meinetwegen um Statusverhältnisse, denen einerseits Schüler und andererseits Berufstätige oder Pensionäre in je verschiedener Weise unterliegen.

Ich möchte ja nicht als pingelig oder spitzfindig gelten (oder bin ich's denn schon längst?) – aber ich wüsste schon gern, wovon ich im Sinne der jeweiligen

Fragestellung letztlich rede und dazu gehören nun einmal Begriffsklärungen. Punkt.

Abermals konsultiere ich den *Grossen Brockhaus* und schlage unter **Ferien** nach: Es handele sich dabei um eine „mehrtägige oder -wöchige, turnusmäßig wiederkehrende Arbeitspause einer Institution, z.B. Schule, Universität, Gericht, Parlament.

Seit 1521 seien es „geschäftsfreie Tage".

*

An dieser Stelle möchte ich den roten Faden der Fragestellung wieder aufnehmen: Nach meiner Lehrabschlussprüfung (1960) begann eine Zeit eingeschränkter Reisetätigkeit.

Im Jahre 1963 lernte ich (auch dies habe ich schon oft und gern erzählt) auf dem Kirchentag in Dortmund *Ingrid* kennen und die folgenden 56 Jahre verbrachten wir, „reisetechnisch" gesehen, mehr oder weniger gemeinsam. Natürlich konnte ich sie auf meine Klassen- und Austauschreisen (die mir eher Pflicht als Kür bedeuteten) nicht mitnehmen, zumal auch sie lange Zeit berufstätig war.

Gemeinsam waren wir anfangs zu zweit - später zu dritt und dann zu viert - in Skandinavien, auf den Britischen Inseln und zweimal in Nordamerika unterwegs. Vor allem hatten wir aber für ungefähr zehn Jahre unser Stammquartier in *Hopferau*, im Ostallgäu. Hier verbrachten wir mit unseren Kindern „Ferien auf dem Bauernhof". Gern erinnere ich mich an unsere gemeinsamen Bergwanderungen und vielfältigen Unternehmungen.

Niemals haben wir eine Pauschalreise gebucht, sondern wir waren Anhänger von Individualreisen. Letztere sind freilich sehr kostenintensiv und haben alljährlich unsern Haushalt arg strapaziert.

Mehrmals haben wir später Radfahrten an Flussläufen (z.B. River Shannon, Donau, Inn, Weser, Mosel) unternommen. Da wir keine geborenen Radfahrer waren, fielen uns diese anstrengenden und erlebnisintensiven Reisen physisch schwer – aber wir haben tapfer durchgehalten.

Zwischen Ingrid und mir herrschte immer so etwas wie ein stilles Einvernehmen, dass wir beide entweder zu zweit oder nur als Kernfamilie reisten.

Gewiss, unsere Eltern „durften" uns, wenn unbedingt nötig, schon einmal für einige Tage am Urlaubsort besuchen – aber wir waren nie mit ihnen gemeinsam oder mit einem Freundeskreis unterwegs; denn der individuelle Wille zählt unterwegs bekanntlich umso weniger je mehr Reiseteilnehmer einen begleiten.

Der Fall ist anders gelagert, wenn ich berufsmäßig eine Klassenreise oder Kursfahrt arrangiere; dies gehört zu meiner Berufsfeldbeschreibung und erfolgt dienstlich und bedeutet die Übernahme kräftezehrender Verantwortung.

Auch Ingrid war mehrmals mit Jugendgruppen unterwegs. Selbst diese waren keine vergnüglichen Ferien- oder Urlaubsfahrten.

In der Zeit ihrer schweren Erkrankung sind wir noch gemeinsam verreist, wenn auch ab 2011, dem Beginn ihres unabwendbaren Heimaufenthaltes, immer kürzer und immer seltener.

Gern war ich mit *Silke* und/oder *Andi* unterwegs und bin stolz darauf, mit unseren beiden Kindern gereist zu sein. Mit Freude besuche ich Andi und seine Familie regelmäßig in der Schweiz.

Je älter ich werde, desto mehr wird das Reisen für mich zur Herausforderung und zum Testfall: Kann ich es physisch und emotional noch aushalten? (Das wäre doch gelacht!) Empfinde ich immer noch Freude dabei? Kann ich mich mit den Anderen gedanklich austauschen und können sie mich ertragen? Gelingt es mir, die wehmütige Rückschau auf vergangene Tage zu überwinden? (Meine Erinnerungen sind kostbar und bedeuten mir viel!)

Als Antwort verspreche ich mir stets, einstweilen tapfer durchzuhalten, die Ziele aber nicht mehr allzu weit zu stecken.

Kleine Therapie

Gehst aus dem Haus Du sorgenschwer

Und fragst „Wo kommt mir Antwort her?"

Geh' einfach wandern – Schritt für Schritt.

Der Wind nimmt Deinen Kummer mit.

(J.H., 03/2024)

10. Würdest Du sagen, das Leben sei kurz?

Dein Rock kann kurz (oder *zu* kurz) sein, meine Hose zu lang. Dasselbe kann gelten für eine Rede oder eine Predigt.

Wäre ich mit vierzehn gestorben, hätten meine Eltern und alle, die mich kannten, mein Leben für kurz, ja, für *zu* kurz befunden. Inzwischen habe ich das 84ste Lebensjahr erreicht und da kann es eigentlich keinen Grund mehr zum Wehklagen geben.

Ein zu kurzer Rock stellt viel zur Schau, eine zu lange Hose bringt uns mitunter zum Stolpern. Ob ein Kleidungsstück zu kurz oder zu lang oder ein lohnender Hingucker ist, hängt von den Körperproportionen und den Augen des Betrachters ab.

Das Leben an sich ist weniger fassbar und kann hinsichtlich seiner individuellen Qualität und quantitativen Dauer allenfalls zum durchschnittlichen Glücksempfinden und Lebensalter eines Volkes in Bezug gesetzt werden.

Ob ein Leben (zu) kurz oder (zu) lang sei, hängt gleichfalls vom persönlichen Empfinden ab. Meine Mutter war die letzten zehn Jahre ihres Lebens bettlägerig und pflegebedürftig und fragte gelegentlich, „wann denn endlich Schluss" sei und wie lange sie ihren Leidensdruck noch aushalten müsse. Meine Frau hat sich ihre letzten acht Jahre durchs Leben quälen müssen und dabei realisiert, dass es für sie keine tragfähige Lebensperspektive mehr gab. Leiden kann sich qualvoll in die Länge ziehen.

*

In Psalm 90 finden wir im zehnten Vers folgende Worte:

*Vielleicht leben wir **siebzig** Jahre, vielleicht sogar **achtzig** – doch selbst die besten Jahre sind Mühe und Last.*

Der Psalmist umschreibt seine eigene Unsicherheit in puncto Lebenslänge, indem er das Wort „vielleicht" verwendet. Er wusste es auch nicht so genau, wie alt „wir" im Einzelfall bzw. im Durchschnitt werden und selbst heute sind wir (glücklicherweise) nicht viel klüger, wobei wir viel über ein gesundes und lebensverlängerndes Dasein wissen.

In einem Streitgespräch würde ich ihm, dem Psalmisten, sagen, dass uns *Mühe und Last (sozusagen eine Tautologie, also „doppelt gemoppelt")* keine unbekannten Größen seien.

Natürlich können wir zum Beispiel im Regelfall nur jenes Geld ausgeben, das wir vorher hart verdient und nur jene Früchte genießen, die wir zuvor im Schweiße unseres Angesichtes angebaut und geerntet haben; aber mir fehlen bei seiner eher negativen Feststellung die positiven Gegenbegriffe wie *Lebensfreude und Genuss*.

Meist fällt uns der Erfolg nicht in den Schoß, aber wir müssen ihn dann gegebenenfalls auch auskosten und genießen dürfen.

Jeder Leistungssportler muss ausdauernd trainieren, darf sich dann am Ziel aber über seine Medaille freuen.

Gern sprechen wir von Nutzen-Kosten-Rechnungen. Was lohnt sich und was lohnt sich nicht?

Im *Tagesspiegel* vom 07.09.2023 lesen wir, dass die durchschnittliche Lebenserwartung seit der Corona-Pandemie ein halbes Jahr kürzer sei. Demnach sei sie bei Männern auf **78,1** und bei Frauen auf **82,8** gefallen. In Thüringen, zum Beispiel, sei die Lebenserwartung deutlich unter das Vor-Pandemie Niveau gefallen. (Da bleibe ich doch lieber in Berlin!)

Weshalb jedoch möchte ich nicht lebenslang in der *Silbersteinstraße* in Berlin-Neukölln wohnen? Weil dort die mittlere Lebenserwartung bekanntlich mehrere Jahre unter dem Durchschnitt liege – bedingt durch die Autoabgase, die hohe Bevölkerungsdichte und den Lärmpegel.

Vielleicht ist die mittlere Lebenserwartung dort auch deshalb so signifikant niedrig, weil der Anteil der hier lebenden Ausländer möglicherweise eingerechnet ist – denn vermutlich ist die mittlere Lebenserwartung der Afghanen oder Syrer oder Afrikaner in ihren Heimatländern geringer als bei uns; aber ich habe mich darüber noch nicht informiert.

Wie erkenntnisreich ist also am Ende meine Zeitungsmeldung mit den Durchschnittswerten?

Abermals habe ich die Bibel konsultiert und in Bezug auf *1. Mose 35,29* mehrere Bibelübersetzungen zur Hand genommen:

Dann starb er (Isaak) *nach einem **erfüllten Leben**.* (Die Bibel in heutigem Deutsch)

*(Und Isaak) verschied und starb...alt und **der Tage satt**.* (Elberfelder Bibel)

(...) Alt war er und **an Tagen satt**. (Bibel in gerechter Sprache)

Und Isaak...verschied und starb **alt und lebenssatt**. (Luther-Bibel)

Isaak starb, alt und **des Lebens satt**. (Wortkonkordanz, Stuttgarter Biblisches Nachschlagewerk)

Fünf Bibelübersetzungen und nicht so ganz deckungsgleich!

Was heißen denn Ausdrücke wie „der Tage satt", „…an Tagen satt", „alt und lebenssatt" oder „des Lebens satt"? War Isaak seines Lebens überdrüssig geworden? Sehnte er seinen Tod herbei? Sagte er sich „genug ist genug"? War er frustriert und des Lebens müde? Oder war er mit seinem Leben nach dem Motto „mehr geht nicht" insgesamt zufrieden und konnte beruhigt auf seine letzte Reise gehen?

*

Was sind denn übliche oder zumindest mögliche Stationen unseres Lebens, die uns alt werden lassen und lebenssatt?

Wir werden im Kreise unserer Familie als Babys und Kleinkinder (hoffentlich liebevoll) umsorgt.

Wir gehen zur Grund- und Oberschule und erfüllen unsere Schulpflicht.

Wir finden Freunde und spielen mit ihnen.

Wir erlernen einen Beruf oder nehmen ein Studium auf.

Wir sorgen für unser Einkommen, das uns ein Auskommen ermöglicht.

Wir heiraten oder bleiben ledig.

Wir übernehmen haupt- und/oder ehrenamtlich Verantwortung.

Wir ziehen unsere Kinder groß.

Wir gehen in den Ruhestand – bleiben immer noch gesund oder werden krank und halten unsere Krankheit aus.

Wir sind mit unserem Gewissen im Reinen und mit unserer Lebensbilanz mehr oder weniger zufrieden.

Wir spüren, dass sich unser Lebenskreis allmählich schließt; aber immerhin war unser Dasein *als Kreis* angelegt und wir haben viele Sektoren darin hoffentlich bestmöglich bedient.

Stirbt ein Mensch, bevor er das Durchschnittsalter erreicht hat, so bleibt immerhin erkennbar, wie er seinen Lebenskreis angelegt hatte und wie dieser künftig noch hätte verlaufen können.

Auch Teilstrecken zählen!

Mir gefällt die Übersetzung der Bibel in heutigem Deutsch am besten, wird hier doch von einem **erfüllten Leben** gesprochen.

Hier sind Begriffe wie „kurz" oder „lang" nicht so wichtig und fallen einfach unter den Tisch.

Gewiss, unser Leben ist am Ende zu kurz, um alle Bücher zu lesen, alle Kontinente und Länder zu bereisen oder alle unsere Urenkel heranwachsen zu sehen.

Es war andererseits hoffentlich lang genug, um Erfolge einzufahren, Misserfolge auszuhalten, Liebe zu schenken und zu empfangen und auf erstrebenswerte Ziele hinzuarbeiten.

Wenn wir schon inmitten unseres Lebens und insbesondere an dessen Ende spüren, dass es **„erfüllt"** gewesen ist, dann war es schließlich weder (zu) kurz noch (zu) lang.

Seine Länge war dann offenbar angemessen.

Sinnerfüllung

Seh' Euch tanzen, hör' Euch singen,

Spür' die Freude am Gelingen.

In Eurem Tun liegt sehr viel Sinn,

Seid einfach fröhlich mittendrin!

(J.H., 03/2024)

11a. Was hast Du in Deiner Lebenszeit in Bezug auf Klima- und Umweltschutz mitbekommen?

Nennen wir es Binsenweisheiten oder Banalitäten, die unsere täglichen Beobachtungen unterfüttern: Die Erde dreht sich. Morgens wird es hell und abends dunkel. Im Frühling sprießen die Blätter und im Herbst fallen sie zur Erde. Wenn es kalt wird, greifen wir zur warmen Jacke. Wird uns darin heiß, ziehen wir sie wieder aus. Zu Ferienbeginn stehen viele Autos im Stau – das war und ist immer so. Die sommerlichen Strände sind überfüllt – auch dies ist nichts Neues. Alles scheint wie gewohnt abzulaufen.

Wir wissen bereits im Voraus, dass uns die Massenmedien in Bälde über Hitze und Dürre, Dauerregen und Überschwemmungen, Vulkanausbrüche und Erdbeben berichten werden. Alle diese Phänomene treten nicht zum ersten Male in der Weltgeschichte auf, vielmehr waren sie auch schon unseren Vorfahren bekannt.

Neuerdings haben wir es noch mit der rasanten Abschmelzung der Polkappen, der Gletscherschmelze, der Erwärmung der Weltmeere und auffällig häufigen Orkanen, Sturmfluten und Waldbränden zu tun.

Gehen uns die Meldungen von Katastrophen, die meistens mehr oder weniger weit weg von uns geschehen, wirklich unter die Haut?

Sind wir ihnen gegenüber resistent geworden oder zeigen sich bei uns Ermüdungserscheinungen hinsichtlich ihrer Wahrnehmung?

Wer ist für diese Katastrophen verantwortlich – der Mensch oder die Natur oder beide?

Sind sie menschengemacht, so ist sicherlich unser Nachbar stärker verantwortlich dafür als wir – ist doch klar!

Im Jahre 1970 war es Ingrid und mir gelungen, nach Wiederholungsprüfungen schließlich unsere Führerscheine doch noch zu ergattern und jeder von uns hatte am Ende seinen ersten eigenen PKW: jeweils einen gebrauchten VW-Käfer 1200. Wir fühlten uns mit unseren beiden Autos nicht mehr so flügellahm wie zuvor, sondern frei und irgendwie beweglich! (Auch abgasbewusst?)

Erst allmählich wurde uns klar, wie teuer der Unterhalt eines Autos war; denn außer dem Kaufpreis für spätere Neuwagen fielen ja deren rapider Wertverlust, Versicherungsbeiträge und Steuern sowie Benzin- und Reparaturkosten an. Dazu kamen die als selbstverständlich erachteten Fahrdienste für unsere Familien. Wer als Autofahrer unterwegs ist, kann sich außerdem nicht bequem zurücklehnen, sondern muss stets nüchtern und hellwach sein. Oft gelangt man dafür aber relativ schnell an sein Ziel.

Von unserer späteren Wohnung in Mariendorf bis zu meiner Schule in Nikolassee brauchte ich etwa eine Dreiviertelstunde mit dem PKW. Mit dem ÖPNV waren es hingegen 73 Minuten (Fußwege eingerechnet - andererseits aber gesünder für den Kreislauf). Ohne Auto und Dachgepäckträger wären die späteren Reisen mit unseren Kindern in der gewohnten Form nicht denkbar gewesen.

Im Jahre 1993 gründete sich die Partei der *Grünen*, die sich in besonderem Maße für den Umweltschutz einzusetzen versprach. Sicherlich dürften die anderen politischen Parteien (z.B. CDU, SPD, FDP) ebenfalls den Klima- und Umweltschutz in ihren Parteiprogrammen verankert haben, aber bei den Grünen rückten diese Fragen stärker in den Fokus.

Meine Schüler wussten, dass ich zwar Autofahrer war, aber immer öfter mit Bus und Bahn zur Schule fuhr. Sie sagten mir, dass ich mit Sicherheit *kein Grüner* sei, mich aber „ziemlich grün" verhielte. Diese erinnerte

Aussage verdeutlicht, dass Klima- und Umweltfragen schon damals ein Gesprächsthema waren.

Wie tief Umweltthemen in den schulischen Curricula einzelner Fächer vor 2006 verankert waren, kann ich heute nicht mehr sagen. Ebenso wenig vermag ich einzuschätzen, wie tief sie meinen Mitbürgern seit jeher unter die Haut gehen. Oft geschieht es, dass unser Handeln nicht unserer Einsicht und unseren frommen Wünschen entspricht.

Natürlich wollten seinerzeit wohl alle meiner durchaus umweltbewussten Abiturienten baldmöglichst ihre Führerscheine erwerben um dann mit dem Auto los zu düsen. Und ich selbst möchte mich keineswegs als Unschuldslamm und Autogegner davonstehlen. Nein, wir sind immer wieder Täter und am Ende wohl auch Opfer zugleich!

Zugegeben – Ingrid und ich sind zweimal quer durch Kanada gefahren. Wir sind mit dem Auto fast rund um Island gekurvt und, wenn nötig, sind wir ins Flugzeug gestiegen. Nach der Wende haben wir mit dem Auto die *Neuen Länder* entdeckt. Ungern bin ich jedoch mit dem Schiff übers Meer gefahren, weil ich leider seeuntauglich bin.

Unser *Berlin-London-Exchange*, unser Schüleraustausch, wurde mehr als zwei Jahrzehnte lang stets per Flugzeug abgewickelt, da wir sonst zeitaufwändig mehrere Tage zu unerschwinglichen Preisen hin und zurück unterwegs gewesen wären.

Wer heute behauptet, von der *Klima- und Umweltproblematik* nichts mitbekommen zu haben, ist entweder taub oder blind – oder beides zugleich; denn die Massenmedien versorgen uns tagtäglich mit ihren Meldungen und malen die Zukunft unseres Planeten zuweilen in düsteren Farben aus. Überall kann ich Umweltschäden besichtigen, aber ich wohne weiterhin friedlich in meinem Elfenbeinturm – still und unaufgeregt.

Die Tatsache, dass ich seit einigen Jahren nicht mehr Auto fahre, ist eher meiner nachlassenden Sehkraft und dem sich verkleinernden Lebensradius geschuldet als meiner umweltbewussten Einsicht und einem daraus folgenden konsequenten Handeln. Ich dusche nämlich immer noch warm und erfreue mich bei meiner Wassergymnastik des angenehm beheizten Schwimmbeckens. Und ich genieße die wohlige Wärme unserer Zentralheizung, früher mit Öl und heute mit Gas befeuert. Nein – ich bin kein Vordenker in Sachen Klima- und Umweltschutz und ich klebe mich auch aus Protest auf keiner Straße oder sonst wo fest. Dies entspräche überhaupt nicht meiner Mentalität. Mein Umweltbewusstsein dürfte allerdings inzwischen geschärft sein und dies wäre wohl der erste Schritt zu einem konsequenten privaten Handeln – *wäre*...

Andererseits: So lange im Frühling alles wie immer grünt und blüht, scheint doch die Welt in Ordnung – oder meldet da jemand Zweifel an?

11b. Hat sich das Denken dahingehend verändert oder anders entwickelt?

Was überhaupt bewirkt Veränderungen unseres Denkens, unserer Einstellungen und unseres Handelns?

Ist es das Studium von Statistiken?

Sind es Fakten, die uns zum Umdenken bringen?

Sind es apokalyptische Erfahrungen vor Ort?

Sind wir erst zur Umkehr gezwungen, wenn es uns an den Kragen geht?

Natürlich ließe sich auch dieser Fragenkatalog beliebig erweitern.

Die Eingangsfrage signalisiert, dass unser Denken offenbar dynamisch erfolgen kann und dass in Bezug auf *Klima- und Umweltschutz* Veränderungen unserer Wahrnehmung, unserer Betroffenheit und schließlich unseres Handelns vorstellbar sind – jedenfalls rein theoretisch und doch nicht immer gefolgt von einer konsequenten Verhaltensänderung. Allmählich werden wir uns unserer Umweltsünden bewusst und spüren, dass es fünf vor zwölf ist – oder etwa noch später? Na und?

In der Sonntagsausgabe des Tagesspiegels vom 24.09.2023 findet der Leser zahlreiche Meldungen und Berichte, die unser Thema zum *Umwelt- und Klimaschutz* aufgreifen: Die *Stiftung Fürst-Pückler-Park Bad Muskau* habe sich besorgt über die Auswirkungen des Klimawandels auf das Erscheinungsbild von historischen Parkanlagen in Deutschland geäußert.

Vor allem der **Wassermangel** mache den Pflanzen zu schaffen. Zwar könne über Naturverjüngungen die Vielfalt der Arten erhalten werden, aber Nachpflanzungen mit Setzlingen sähen nicht schön aus (S. 20). Die EU habe im vergangenen Jahr (2022) dazu beigetragen, das **Ozonloch** zu schließen. Ozonabbauende Stoffe könnten beispielsweise in Kühlmitteln, Agrarchemikalien und Arzneimitteln vorhanden sein. Die Ozonschicht sei wichtig, weil sie UV-Strahlen der Sonne absorbiere (S.8). Die gezielte Beseitigung von Meeresalgen habe am Great Barrier Reef in Australien zu einer deutlichen Verbesserung des **Korallenwachstum**s geführt – bis zu 600% mehr innerhalb von drei Jahren. Dabei werde das Seegras einfach mit der Hand aus dem Meeresboden gezogen. Weltweit würden Korallen in vielen Riffen von Makroalgen verdrängt, weil der **Klimawandel** und lokale Stressfaktoren wie die Korallenbleiche ihre Ökosysteme zunehmend zerstörten (S. 8).

Eine Frage an Tagesspiegel-Leser:innen (S. 27):

Denken Sie seit den Straßenblockaden mehr über Klimaschutz nach?

Antwort: Ja   7%;

              Nein   82%

Im Zusammenhang eines Berichtes über den im Jahre 2018 von 160 Frauen in der Schweiz gegründeten *Betroffenenverband Klimaseniorinnen* wird ein Foto mit folgender Bildunterschrift gezeigt:

Hitze und **Dürre** *treten auch in der Schweiz immer häufiger auf. Hier ein Schiff im ausgetrockneten Lac des Brenets* (S. 11).

Die Zahl der Schmetterlinge sei im Jahre 2023 einer Zählung zufolge in Großbritannien so hoch wie seit 2019 nicht mehr. Verantwortlich dafür sei das durchwachsene Wetter diesen Sommer mit **viel Regen** gewesen (S. 9).

Das „**Autowunder** von Tokio" habe kaum Unfälle, selten Staus und bessere Luft zur Folge. Parken auf dem Gehweg sei in Tokio kaum vorstellbar. Ohne Parkplatz-Nachweis dürfe kein Auto angemeldet werden. Rentner ab 65 müssen ihre Reaktionsfähigkeit nachweisen (S. 9). – Von *Donald Trump* und der *AfD* haben wir gehört, dass die Erzählung vom Klimawandel eine Mär sei…

Wie sehr mussten eigentlich die Touristen letzten Sommer (2023) in den Anrainerstaaten des Mittelmeeres unter der Hitze stöhnen? (Vor Jahren bin ich mit „meiner" Seniorengruppe bei 38 Grad gewandert und dies bedeutete ein irres gesundheitliches Wagnis!) Und waren da nicht Waldbrände ungeheuren Ausmaßes in Griechenland und in Spanien und in Kalifornien?

Nun - wie tief haben diese auf uns einprasselnden Hiobsbotschaften Dich und mich und uns wirklich berührt?

Frage: Was zeigt das Zeitungsbild des Tagesspiegels (S.12) vom 26.09.2023?

Antwort: Es zeigt einen abgestorbenen alten Olivenbaum bei *Almeria* im Süden Spaniens.

Frage: Wie konnte das passieren?

Antwort: Die Ursachen waren **Wassermangel** durch fehlende Niederschläge, leere Stauseen und **Hitzestress** von stellenweise über 40 Grad. Selbst diese tiefwurzelnden Bäume können sich bei sinkendem Grundwasserspiegel nicht mehr selbst mit Wasser versorgen. Außerdem steigen die Bodentemperaturen. Die Verdunstung verstärkt sich und damit die **Bodentrockenheit**. Dadurch verschiebt sich auch der Zeitpunkt der Blüte nach vorn und Olivenbäume können eventuell nachfolgenden Frost nicht gut vertragen.

Frage: Was hat das für die Olivenernte zur Folge?

Antwort: Die reifen Früchte sind zum Teil winzig und verbrannt und leiden unter Schädlingsbefall. Eine weitere Ursache der Ernteausfälle besteht in der Übernutzung der Böden.

Frage: Inwieweit betreffen diese Tatsachen uns als Verbraucher von Olivenöl?

Antwort: Ein 40%iger Rückgang der Olivenölproduktion hat den Preis für Oliven teilweise schon verdreifacht.

Frage: Lassen sich weitere Folgewirkungen beobachten? Antwort: Mittlerweile werden im Süden Österreichs und sogar im Kölner Raum Oliven angebaut – und Erdnüsse in Niederbayern. Anbaugebiete verschieben sich nach Norden und in höhere Lagen.

Ohne den Klimawandel ließen sich Dürreperioden vor allem im Mittelmeerraum, wie hier zum Beispiel in Andalusien, nicht erklären.

Wie die obigen Zeitungsmeldungen weniger aufeinander folgender Tage zeigen, hat ein jeder von uns die Möglichkeit, sich zu informieren. Er hat die Gelegenheit hinzuhören, sein eigenes Verhalten zu überprüfen und in wenigstens kleinen Schritten zu verändern. Damit meine ich nicht die frommen Absichten, die wir zu Silvester äußern, sondern eine dauerhafte selbstkritische Überprüfung unserer eigenen Ansprüche und Verhaltensformen.

Dies dürfte aber noch nicht reichen; denn es kommt auf ein Umsteuern an, eine Neuorientierung, ein waches Bewusstsein. Vielleicht nehmen wir Papier und Bleistift zur Hand und planen nicht nur unseren Tagesablauf, sondern halten fest, wo wir, wir selbst, natürliche Ressourcen ganz still und ohne erhobenen Zeigefinger einsparen und schonen können.

Na klar - dies betrifft auch mich und nicht nur meine Nachbarn!

Die Erkenntnisse dürften je nach unserer persönlichen Lebenssituation und dem Verlangen nach sozialer Teilhabe unterschiedlich ausfallen. Es spielt nämlich eine große Rolle, ob ich (etwa vom Gesichtspunkt der

Mobilität aus gesehen) in Berlin lebe oder zum Beispiel im Thüringischen mitten auf dem Lande.

Der obige Bericht über das *Autowunder von Tokio* schließt mit folgender Feststellung:

Auch dies zählt in Japan als wichtige Tugend: die eigenen Bedürfnisse nach Komfort nicht über diejenigen der Gesellschaft stellen.

12. Was bedeutet für Dich Schönheit?

Ein Blick aus dem Fenster des ICE zeigt uns die *Schönheit der Natur* – zumindest, solange Natur vorüberflitzt und nicht vom Nebel verhüllt, sondern in Sonnenlicht getaucht ist.

War es auf dem *Säuling*, dem *Aggenstein* oder dem *Nebelhorn*? Da saß eine Gruppe von Nonnen in ihrer Tracht. Sie schwärmten von der Schönheit der Aussicht und stimmten ein frommes Lied an. Wäre urplötzlich ein Gewitter mit Blitz und Donner aufgezogen, hätten sie vermutlich schnell ihre Kutten gerafft, eilend das Weite gesucht und ihre gottesfürchtigen Gesänge wären jäh verstummt. Von ihnen und der eben noch gepriesenen Schönheit der Landschaft wäre nicht viel übriggeblieben.

*

Vor Jahren hörte ich *Ein deutsches Requiem* von *Johannes Brahms*. Ein Wohlgefühl durchströmte mich, als ich die Harmonien dieser musikalischen Komposition hörte. Kurz darauf sang ich selbst bei einer Aufführung dieses Werkes mit und spürte noch immer die *Schönheit der Musik*.

Dieses harmonische Wohlgefühl spüren wir auch, wenn wir z.B. die *Hirtenmusik* im Bach'schen Weihnachtsoratorium hören.

Thomas Mann als ein Meister der Wortkunst hat mich von der *Schönheit der Sprache* überzeugt - besser gesagt: davon, wie schön Sprache sein kann. Bildhauerei und Malerei können gleichfalls Schönes hervorbringen. –

Mich plagt der Verdacht, dass die mir gestellte Frage wohl eher auf die Schönheit des äußeren menschlichen Erscheinungsbildes abhebt. Ist alles an ihm stimmig? Was bedeutet für uns als Mitteleuropäer körperliche Schönheit?

Zur Beantwortung dieser Frage müssen wir mehrere Klischees bedienen. Was zeigt mir mein heutiges Spiegelbild? Nein, ich möchte es am liebsten nicht beschreiben; denn mein Gesicht zeigt Spuren des Alters, mein Kopf ist kahl, die Schläfen sind ergraut, mein Körper kann (sofern er dies überhaupt jemals war) längst nicht mehr als wohlgeformt gelten und meine Stimme wird allmählich brüchig. Und mit meinen Gedanken schwebe ich immer mehr in meiner eigenen Welt.

Wenn ich ehrlich bin, so war ich noch nie ein Vorzeigeobjekt von besonderer Anziehungskraft, dem die Umwelt zu Füßen gelegen hätte – eine Fehlbesetzung auf dem Laufsteg! Dies gilt mit Sicherheit auch für viele oder gar die meisten Frauen und Männer meines Alters, die die Wahrheit nicht wegretuschieren können, so emsig sie sich auch schminken.

*

Weshalb ersetzen wir das Wort *Schönheit* nicht durch *Ausstrahlungskraft*? Ausstrahlungskraft lässt sich weiter fassen als körperliche Schönheit: Liebevolle Augen und ein lächelnder Mund, kluge Lebenserfahrung und eine Schulter, an die man sich anlehnen kann; Treue und Zuverlässigkeit, ein fröhliches Lachen und Beharrlichkeit im Aushalten von Widerwärtigkeiten.

Diese Eigenschaften fände ich anziehend oder darf ich sagen: *attraktiv*? Was denn, ich sei nicht ehrlich und meine Antworten seien lediglich ein Ausweichmanöver?

Zugegeben: Wenn ich ein hübsches Mädchen sehe, schaue ich gern zweimal hin – mindestens.

13 a. Was hat sich alles verändert, als es Deiner Frau immer schlechter ging?

Vor mir liegt das Evangelische Gottesdienstbuch und unter den *Gebeten zur Trauung* finden sich auszugsweise die Worte:

Herr Gott, himmlischer Vater, (...) lass sie unter deinem Segen in guten und schweren Tagen beieinander bleiben und deine Nähe erfahren.

So ähnlich lautete wohl auch das gegenseitige Treueversprechen, das Ingrid und ich in Anwesenheit unserer Väter 1968 zunächst im Standesamt Neukölln und zwei Tage später bei der kirchlichen Trauung in der Paul-Gerhardt-Kirche in Schöneberg in Anwesenheit der Traugemeinde gegenüber Pfarrer *Dr. Jürgen Boeckh* vor dem Altar abgegeben haben. Wir waren damals beide gesund. Allerdings war offenbar damit zu rechnen, dass es durchaus ein Wechselspiel geben könnte zwischen guten und schlechten Tagen.

Ich hatte mein Zweites Staatsexamen noch vor mir und dessen Ausgang war durchaus ungewiss. Ingrid war längst noch keine graduierte Sozialpädagogin, sondern musste auf dieses ersehnte Ziel noch jahrelang hinarbeiten. Wir wollten eine Familie gründen und als Silke 1974 und Andi 1976 geboren wurden, ging Ingrid zweimal ein angstbesetztes

Wagnis ein; denn unsere beiden Kinder kamen per Kaiserschnitt zur Welt was damals, medizinisch gesehen, keineswegs harmlos war. Diese gefahrvollen Stunden zählten zu den eher schweren Tagen. Unsere beiden Kinder waren und blieben gesund und wuchsen unter unseren Augen problemlos heran.

Ingrid konnte als Jugendpflegerin an unterschiedlichen Arbeitsstellen ihren Berufswunsch realisieren und ich fühlte mich als Gymnasiallehrer in meinem Element.

Seit dem Jahre 1974 wohnten wir dann nicht mehr im Hochhaus in Lichtenrade, sondern zu ebener Erde im Nebelhornweg in Mariendorf – in einer Maisonettewohnung, etwas abseits und ruhig gelegen, ein Wohlfühlfaktor. Insbesondere meine Schwiegereltern halfen uns unermüdlich bei der Betreuung unserer Kinder. Wir hatten Freunde und Reiseziele, auf die wir uns freuten. Finanziell waren wir abgesichert und wir ließen einander die Freiheit, sowohl unseren individuellen als auch unseren gemeinsamen Interessen nachzugehen. Dies sind - in Kurzform – die Grundlagen unserer guten Tage.

Im Jahre 1995 wurde Ingrid zwangspensioniert, krankheitsbedingt zur Berufsunfähigkeit verdammt. Dieser endogene Krankheitsverlauf hatte sich bereits über lange Jahre im Voraus schleichend angekündigt.

Es folgten mehrere Klinik- und Krankenhausaufenthalte, die ihr jedoch ebenso wenig halfen wir die Psychopharmaka, die ihr von fachärztlicher Seite zur inneren Ruhigstellung verschrieben worden waren. Letztlich bewirkten diese eine Veränderung ihres ganzen Wesens.

Zwischen 1995 und 2011 engagierte sie sich zwar ehrenamtlich weiterhin in ihrem ehemaligen beruflichen Tätigkeitsfeld, aber da sich ihre Krankheit in Schüben äußerte, erlahmte ihre Schaffenskraft zeitweise und insgesamt immer mehr. Oft war ihr Verhalten schwer berechenbar. Zweimal bat sie mich inständig, ihr nicht böse zu sein – sie sei doch einfach nur unverschuldet krank. Sie war sich also in manchen Momenten ihres bejammernswerten Zustandes bewusst.

Unsere gemeinsamen Reisen wurden noch kürzer und ich musste viele häusliche Aufgaben und Teile ihrer Pflege übernehmen. Ich ließ Ingrid nicht mehr ans Lenkrad und fühlte mich zunehmend als alleiniger Steuermann unseres Familienschiffes verantwortlich. Die Jahre bis 2006, meiner Pensionierung, waren äußerst belastend und ständig voller Ungewissheiten, weil ich nie ahnen konnte, was Ingrid in meiner Abwesenheit zu Hause oder auch unterwegs anstellen würde. Würde sie sich selbst und andere Menschen gefährden?

Eigentlich hätten ihre Pensionszahlungen für sie reichen müssen, aber da sie ständig mehr ausgab als sie einnahm, musste ich dreimal ihre hohen Schuldenberge abtragen. Ich hatte ständig aufzupassen, dass sie sich nicht völlig ins Abseits manövrierte und überdies für sie da zu sein. Und ich war insgeheim darüber erstaunt, welche Kräfte uns zuwachsen können, wenn es darauf ankommt. (Darüber habe ich in meinem Buch *Ohne Dich und stets mit Dir* ausführlich berichtet.)

Im Jahre 2011 verschafften wir ihr einen Platz im *Seniorenhaus Lerchenweg* hier in Mariendorf und ihre letzten beiden Lebensjahre verbrachte sie bei *Remeo* in Mahlow. Leider kehrte sie nicht wieder nach Hause zurück, aber sie erhielt immerhin regelmäßig Besuch von uns allen und ich selbst versuchte es, prinzipiell jeden Tag bei ihr vorbeizuschauen.

Im Jahre 2017 veröffentlichten *DJ Ötzi* und *Nik P.* einen Song mit einem mich in meiner damaligen persönlichen Situation bewegenden Refrain:

Ich bin geboren

Um dich zu lieben,

Um für Dich da zu sein

Bin ich geboren.

Ich stelle mir abermals mein Leben (um im Bild zu bleiben) als einen Kreis mit einzelnen Sektoren unterschiedlicher Größe vor. Ein Sektor gehört(e) meiner *Familie* und *Freunden*, ein anderer meinem *Beruf*. Dann gab es einen Sektor, der unseren gemeinsamen Reisen gewidmet war und wieder einen anderen für *Freizeitaktivitäten* oder *soziale Tätigkeiten*. Treten neue Sektoren hinzu, wird es für die verbleibenden enger, weil sich ja unser Zeitkontingent nicht vergrößert. Fällt einer dieser Sektoren weg oder verkleinert er sich, treten andere mit „Raumforderungen" auf und werden größer. Wie viele Sektoren es gibt und welche Rolle sie in unserem Leben spielen, mag individuell verschieden sein; aber sie drücken die Vielseitigkeit und Farbigkeit unseres Daseins aus und sorgen untereinander für einen gewissen Ausgleich. Doch Sektoren hin und Sektoren her: Ingrids und unser Schicksal machte mich unendlich traurig.

Der Zauber der Treue

Ich liebe Dich – ein Zauberwort;

In Treue war ich Dir verbunden

In guten und in schweren Stunden

Seit langer Zeit und immerfort.

(J.H., 03/2024)

13 b. Was musstest Du neu lernen?

Ich musste mich nach Ingrids Tod damit abfinden, mein Leben nun nicht mehr in einer Zweierbeziehung, sondern allein gestalten zu müssen. Ingrids Stuhl blieb und bleibt leer. Logisch. Da ist niemand mehr, der mir auf- und angeregt von seinen Tageserlebnissen berichtet. Diese Veränderungen traten aber nicht von heute auf morgen ein, sondern hatten, wie berichtet, einen jahrelangen Vorlauf, so dass ich mich auf sie vorbereiten und in ihnen einrichten konnte. Einen in der Frage eingeschlossenen Lernprozess im eigentlichen Sinne hat es also kaum gegeben.

Ich bemühte mich gezielt darum, meinen Tagen eine Struktur zu geben, indem ich aufschrieb, was ich im Verlauf der nächsten Zeit alles tun würde: Einkäufe erledigen, die Mahlzeiten zubereiten, die Wohnung sauber halten, meinen täglichen Rundgang über dreieinhalb Kilometer und quer über den Heidefriedhof machen; intensiv Zeitung und Bücher lesen und weiterhin schreiben, Schriftkram erledigen; zur Unterhaltung das abendliche Fernsehprogramm auswählen, ehrenamtliche Aufgaben übernehmen; als Ingrids Nachfolger das Berliner Seniorenchorfest im Britzer Garten vorbereiten und durchführen; meinen Platz im Flötenspielkreis beibehalten, weiterhin im Chor mitsingen; Seniorenwanderungen durchführen, zur Wassergymnastik gehen, meine Familie und Freunde begleiten; auf Reisen gehen.

*

In der Zeitung vom 25.11.2023 fand sich eine Beilage, auf deren Frontseite ein Zitat der 91jährigen (mir unbekannten) *Eleonore* steht: *„Es ist nicht leicht, 91 Jahre und allein zu sein. Ich fühle mich sehr einsam, besonders zu Weihnachten.“*

Auf der Innenseite werden wir darüber informiert, dass in Berlin etwa 160.000 Menschen über 75 Jahre allein lebten. Sie hätten ihre Partner, Verwandten und Freunde überlebt, die Kinder wohnten häufig weit entfernt. Oft seien sie von Einsamkeit bedroht oder betroffen.

Im nächsten Absatz meldet sich der Verein *Freunde alter Menschen e.V.* zu Wort: *„In der dunklen Jahreszeit schmerzt die Einsamkeit besonders. Deshalb öffnen wir (...) auch an Weihnachten unsere Türen. Wir backen gemeinsam, gestalten liebevolle Geschenke und laden all jene alten Menschen ein, die sonst ganz allein das Weihnachtsfest verbringen würden. Ein Heiligabend also, der, so oder ähnlich, auch in jeder Familie gefeiert wird. (...) Wir stiften Besuchspartnerschaften zwischen Jung und Alt und sorgen durch regelmäßige Veranstaltungen für*

Abwechslung im tristen Alltag einsamer alter Menschen. (...)"

Ein Zahlschein zum Heraustrennen ist eingedruckt und wir erfahren, dass man sich für 30 Euro ein Weihnachtsgeschenk für alte Menschen, für 65 Euro einen Fahrdienst zu einer Veranstaltung, für 125 Euro ein festliches Essen am Heiligabend für 2 Personen und für 270 Euro eine Besuchspartnerschaft sichern könne. –

Zugegeben: ich selbst bin oft (und gern) allein; aber ich fühle mich nicht einsam. Ja, ich habe meine Eltern, Schwiegereltern und meine Frau überlebt. Glücklicherweise besteht ein harmonischer Kontakt zu meinen Kindern und ich nehme Anteil am Leben meiner Enkel. Nun - ich habe noch nie in meinem Leben gemeinsam gebacken.

Im Ehrenamt habe ich kurzzeitig unter dem Dach der Sozialkommission Tempelhof-Schöneberg Besuchsdienste geleistet und dabei erfahren, dass es einerseits gar nicht so einfach ist, das Interesse für fremde Menschen aufzubringen und andererseits deren Vertrauen zu gewinnen, ungezwungene Gespräche zu führen und mehr als ein formales Pflichtprogramm zu entwickeln.

Selbst, wenn wir viel allein sind, muss doch unser Alltag deswegen nicht trist verlaufen! Könnte es nicht sein, dass wir beizeiten lernen müssen, kopfgesteuert und weitgehend autonom durchs Leben zu gehen, dabei bewährte Kontakte pflegen, neue knüpfen und wach bleiben?

Natürlich kann sich meine und unser aller Lebenssituation schlagartig verändern; aber ich bin ganz zuversichtlich, dass ich dann keineswegs vor dem Nichts stehen werde und mein Leben beim Nullpunkt neu beginnen muss. Einstweilen hüte ich meine Erinnerungen wie einen wertvollen Schatz, aber bekanntlich leben wir ja vorwärts und sollten uns nicht in Selbstmitleid und Weinerlichkeit verlieren.

Ich bin dankbar für viele schöne gemeinsame Momente in der Vergangenheit und bin freudig-gespannt darauf, was künftig auf mich zukommen wird. Gäbe es ein Schicksal, so würde ich fragen, wer es mir zugedacht habe und weshalb ich bisher so gut davongekommen bin.

Sich bewegen

„Tanzen und springen",

so heißt unser Lied.

Allzeit wir singen –

Macht froh das Gemüt.

(J.H., 03/2024)

14. Was ist das Verrückteste, das Du je getan hast?

Halten wir fest: Ich werde hier als *Täter* und nicht als Opfer betrachtet; denn ich habe ja etwas *getan* - gestern, vorgestern, irgendwann.

Ich habe (Wikipedia zufolge) etwas *Auffallendes* getan, etwas *Unkonventionelles*, etwas *Ausgeflipptes*, *Durchgeknalltes*, *Schräges*, *Skurriles*, *Verschrobenes*. Vielleicht sogar etwas *Ungewöhnliches* oder gar *Ungezogenes*? Offenbar war ich dabei nicht ganz von Sinnen, sozusagen im *Ausnahmezustand* und *nicht ganz normal*. Einfach *crazy*?

Die obige Frage enthält einen *Superlativ*, die höchste Steigerungsform. Ich mag jedoch keine Superlative, weil sie ja keine weitere Steigerung mehr zulassen. Aus diesem Grunde möchte ich „das Verrückteste" in „etwas besonders Verrücktes" umwandeln. Einverstanden? Darf ich mich damit herausreden?

Als Kind und als Jugendlicher habe ich nie versucht, meine Eltern, Verwandten, Freunde oder mich selbst absichtlich in Bedrängnis zu bringen. Ich erinnere mich daran, brav und eigentlich (zumindest nach meinem Verständnis) kaum je „ungezogen" gewesen zu sein. Na schön, dass ich einer armen Mitschülerin als Julklapp-„Geschenk" einen Bauklotz einpackte und mit dem Luftdruckgewehr auf die Dachrinne im vierten

Stock und in die Flurfenster des gegenüber liegenden Hausaufganges ballerte, war mit Sicherheit „durchgeknallt".

Dass wir als Kinder ein altes Portemonnaie auf den Gehsteig legten und, wenn sich ein ahnungsloser Passant danach bückte, dieses mit einer daran befestigten Schnur rasch wegzogen, so dass der arme Mann ins Stolpern kam und beinahe hinfiel, war als Streich sicherlich ein wenig „schräg" – aber altersgemäß.

Dass ich mich nach meinem Lehrabschluss auf die Schulbank setzte, um mein externes Abitur und mein anschließendes Studium vorzubereiten, mag in seiner Zielsetzung „ungewöhnlich" gewesen sein. Als Student jedoch gehörte ich zu den Angepassten, den „liberalen Scheißern", wie wir von den Epigonen der 68er Roten Zellen bezeichnet wurden.

Als Gymnasiallehrer war ich dienstlich und privat als Vorbild dazu angehalten, nichts „Auffallendes" zu tun. Nein - stimmt nicht ganz, denn auf meiner ersten Klassenfahrt versuchte ich meinen Schülern einen Streich zu spielen: In der Jugendherberge in Trier verknüpfte ich nämlich die Klinken einzelner Zimmertüren mit Schnur, so dass sich diese nur schwer öffnen ließen. Ich legte mich mit diebischem

Lächeln auf die Lauer, aber einer meiner Schüler, der schlaftrunken auf die Toilette musste, wickelte alle Schnüre mit einem Kopfschütteln auf und mein Streich war unbemerkt verpufft.

In der *Polstermühle* schlief ich während einer unserer Klassenreisen im Kellergeschoss und rechnete damit, dass mir meine Schüler vermutlich wenigstens in der letzten Nacht einen Streich spielen würden. So verbarrikadierte ich den Kellerzugang mit aufgestapelten Stühlen. Hätten sich nun einzelne Schüler nach unten geschlichen, wäre es zu einem ohrenbetäubenden Gepolter gekommen. Aber niemand kam. Sie taten einfach nichts „Ungezogenes" und hätten mein Stuhlgerüst im Lichte ihrer Taschenlampen vermutlich als erstaunlich „schräg" empfunden. –

1973 könnte es gewesen sein, als ich meinen VW-Käfer mit sechs Personen belud und von Lichterfelde West aus quer durch die Stadt fuhr. Meine Frau entdeckte damit völlig ungeahnt waghalsige Seiten an mir, die ihr zusagten. Als ich kurz darauf nachts mit ihr zu Fuß sogar noch eine rote Ampel ignorierte, weil weit und breit kein Auto kam, war sie begeistert und umarmte mich.

Das war doch (für meine Verhältnisse) richtig „ausgeflippt"! Ihr Mann konnte tatsächlich willentlich das Gesetz übertreten!

Doch kommen wir nun zu ernsthafteren Gedanken: Unsere beiden Kinder waren noch Teenies, als wir in Norwegen unser Boot mit Außenbordmotor bestiegen und über einen Seitenarm unseres Fjordes Richtung offene See tuckerten. Nachdem wir eine vorgelagerte kleine Insel umschifft hatten, durchquerten wir die enge Passage zwischen Insel und Festland. Plötzlich hörten wir ein ohrenbetäubendes Signalhorn und nahmen schreckerfüllt ein haushohes Schiff zu unsrer Rechten wahr, ein Schiff, das auf uns zuhielt. Mit letzter Not entkamen wir in einen parallelen Seitenarm des Fjordes. Wir waren bei dem hohen Wellengang zum Glück nicht auf die Felsenklippen gedonnert, sondern gerade noch unversehrt davongekommen. Ein Privatboot folgte uns und der Schiffsführer rief uns in seiner Landessprache unfreundliche Worte zu, die wir jedoch nicht verstanden. Vermutlich war es eine Standpauke. Wir drehten ab und fuhren wohlbehalten zurück zu unserm Steg. *Arvid*, unser norwegischer Nachbar und SAS-Pilot, beruhigte uns; aber es hätte ins Auge gehen können, zumal wir keine Rettungsringe getragen hatten. Wie auch? Es gab ja überhaupt keine in unserm Fährhaus! Alles in allem war unsere Unternehmung „crazy" gewesen!

*

Andi und ich hatten auf meinen Wunsch hin beschlossen, im Ostallgäu den gut zweitausend Meter hohen *Säuling* bei *Füssen* zu besteigen. Ich glaube, ich war gerade siebzig geworden und hatte ihn, den Säuling, und den *Aggenstein* bereits Jahre zuvor im Alleingang problemlos bewältigt. Wir parkten also unser Auto in *Füssen* und zogen los. Der Aufstieg war mit etwa 2 ½ Stunden angegeben. Aus Erfahrung legten wir freiwillig eine Stunde dazu, weil wir, erstens, ungeübte Bergsteiger waren und, zweitens, mit einer gewissen Luftveränderung zu rechnen hatten.

Erwartungsgemäß bereitete mir der Aufstieg Schwierigkeiten und an manchen Stellen musste ich die Hände zu Hilfe nehmen, um klobige Felsbrocken überwinden zu können. Mit Sicherheit mussten wir mehrere Verschnaufpausen einlegen, aber nach sechs (!) Stunden hatten wir die Senke zwischen zwei Bergkuppen mit beeindruckender Aussicht erreicht. Wir kehrten wenig später ein und stärkten uns im *Säulinghaus* mit dem Tagesmenü. Mir tat das Sitzen gut und ich massierte meine zitternden Oberschenkel.

An den Abstieg hin zur österreichischen Seite und dann um das Bergmassiv herum mag ich mich gar nicht mehr erinnern; denn ich stolperte und taumelte und versuchte mühsam, das Gleichgewicht zu halten.

Ich war nicht nur erschöpft, sondern hatte mich physisch einfach überfordert und zudem riesiges Glück, mich bei einem längst befürchteten Sturz nicht ernsthaft zu verletzen.

Mit Hilfe meines kleinen Notfall-Handys konnten wir Ingrid über unsere Gastgeber zweimal davon verständigen, dass sich unser Abstieg und damit unsere Heimkehr verzögern würde. Ich schaffte es bis zur *Marienbrücke*, aber danach versagten in der anbrechenden Dunkelheit meine Kräfte. Es war nur noch mein eiserner Wille, der mich eine kurze Wegstrecke vorantrieb – meine Beine konnten längst nicht mehr. Andi holte unser Auto die einsame (für PKW gesperrte) Bergstraße nach oben und lud mich ein. Erst sehr spät am Abend kamen wir in unserm Quartier an. Aus der Miene von Herrn *Hofer*, unserm Gastgeber, konnte ich lesen, wie er unser Unternehmen beurteilte – nämlich als halsbrecherisch.

Ich hatte etwas *Verrücktes* getan, weil mein Wunsch stärker gewesen war als meine körperliche Leistungsfähigkeit, die ich total überschätzt hatte.

Es könnte kurz vor meiner Pensionierung im Jahre 2006 gewesen sein.

Ort: vollbesetztes Auditorium Maximum der Freien Universität Berlin.

Anlass: Überreichung der Abitur-Zeugnisse an meine Schüler.

Ich hatte mich in die letzte Reihe gesetzt um, wie ich glaubte, unbemerkt zu bleiben. Im zweiten Teil der Feierlichkeiten wurde ich von der Moderatorin, einer Abiturientin, zu meinem Schrecken ausgespäht und auf die Bühne gebeten.

Aufgabe: Ich sollte singend einen traurigen Vogel darstellen.

Glücklicherweise war ich gut drauf. Ich breitete meine Arme zu flatternden „Schwingen" aus und improvisierte melodisch:

Ich bin ein Vogel,

Meine Flügel sind zu klein.

Wollt Ihr alle

Meine Beute sein?

Tosender Beifall. Ich hatte die Situation und mich gerettet!

Im Frühjahr 2023 habe ich *Anika* in *Gebesee* besucht. Sie ist dort Pfarrerin im Thüringischen. Mit dem ICE war ich an einem Sonnabend von Berlin nach Erfurt gefahren und von dort weiter mit dem Regionalzug nach Elxleben, wo ich im Hotel übernachtete. Ich ersparte mir das Frühstück dort (sonntags erst ab acht!), weil ich bereits um kurz nach sieben aufbrach und auf dem Deich an der Gera entlang wandern wollte. Es war noch morgendlich kühl und dazu sonnig. Am Wochenende fahren dort keine Busse.

Die Weglänge betrug lediglich elf Kilometer und ich hatte mir ausgerechnet, dass ich pünktlich zu Predigtbeginn um 10.45 Uhr oder vielleicht sogar schon eine Stunde zuvor an meinem Ziel angekommen sein würde. Die Sonne blinzelte durch die Bäume entlang der Deichkrone und der ebene Weg bereitete mir an sich keine Schwierigkeiten, zumal ich mein Wandertempo von Anfang an bewusst gedrosselt hatte. Leider fand sich unterwegs nirgendwo eine Bank, auf der ich auch nur wenigstens einen Augenblick hätte verschnaufen können. Oft musste ich zur Seite treten und Radfahrer vorbeilassen; denn ich befand mich als Wanderer (eher unwillig geduldet) auf einem Radweg. Ein Schluck Wasser und es ging weiter.

Nach knapp drei Stunden sah ich linker Hand den Kirchturm von Gebesee, aber das Finale zog sich gefühlt endlos hin, bis ich über die sonntäglich verwaisten Dorfstraßen endlich völlig erschöpft und torkelnd den Marktplatz mit der Kirche erreichte. Erneut bekam ich mein Alter (82) zu spüren. Ich hatte eigentlich nichts Verrücktes getan, aber meine sonntägliche Wanderung kam mir ganz schön *verrückt* vor – so schön sie eigentlich auch war. Wieso verrückt? In den 1950ern hatte ich doch mindestens schlappe 35 Kilometer geschafft!

Abschied

Hab Dir mein Wort gegeben,

Hab Treue Dir versprochen,

den Treuschwur nie gebrochen,

Geteilt mit Dir mein Leben.

(J.H., 03/2024)

15. Wie stellst Du dir die Welt in 20 Jahren vor?

Zwanzig Jahre sind ein relativ überschaubarer Zeitraum. Mit allerhöchster Wahrscheinlichkeit wird in zwei Jahrzehnten auch *mein* Name auf der bisher leeren rechten Seite von Ingrids buchförmigem Grabstein stehen; aber diese Tatsache wird nichts Weltbewegendes an sich haben. Ich werde meine persönlichen Erinnerungen mitnehmen und die Erinnerungen an mich werden verblassen.

Von meinen Vorfahren weiß ich nur deshalb Genaueres, weil ich nach eingehenden Recherchen ein Buch über sie geschrieben habe; aber darf ich erwarten, dass sich meine Enkel zum Beispiel für meine Großeltern interessieren? Was sagen Fotos aus, die vor Jahrzehnten aufgenommen wurden und stockernste Menschen zeigen, die wir nicht einmal mehr identifizieren können?

Im Fernsehen bemerkte neulich ein kleines Mädchen, dass alles Lebende sterben müsse, einfach um Platz für Nachfolgende(s) zu machen. Mir fehlen dazu schlüssige Gegenargumente.

Auguren waren im alten Rom Wahrsager. Zwar gehöre ich nicht zu dieser vorausschauenden Gilde, aber ich will es wenigstens versuchen, auftragsgemäß einen Blick in die Zukunft zu wagen. Dabei möchte ich jedoch ein wenig systematisch vorgehen, indem ich einzelne Kriterien bilde:

Diese betreffen die *Natur des Ganzen,* dann die *Länder, Völker und Konflikte* örtlich und weltweit und schließlich das *Individuum* und seine geistlichen und geistigen Grundlagen - also uns selbst.

Beginnen wir mit der *Natur des Ganzen*:

Aus einem Raumschiff betrachtet, dürften wir im Jahre 2043 feststellen, dass die Steppen- und Wüstenbildung auf Erden zugenommen habe.

Die Polkappen sind sichtbar abgeschmolzen, die Gletscher nahezu verschwunden.

Einerseits sind ganze Waldgebiete abgeholzt worden, andererseits wurden neue Bäumchen mühsam angepflanzt.

Im Orbit sind wir nicht mehr weit von einer Ampelregelung entfernt, weil hier oben inzwischen alles Mögliche an Schrott herumsaust.

Wenn wir die Erde und einzelne ihrer Regionen unter die Lupe nehmen, dann sehen wir Verwüstungen durch flächendeckende *Waldbrände* auf allen Kontinenten.

Da das Magma im Erdinneren noch immer brodelt, kommt es weiterhin zu gewaltigen *Vulkanausbrüchen*.

Erdbeben bedrohen die Menschen wie eh und je an vielen Orten.

Die *Meeresspiegel sind unaufhörlich gestiegen* und haben Inseln und Festlandsteile verschlungen.

Durch die Erhöhung der Meerestemperatur kommt es zu gefährlichen *Orkanen*. Mancherorts helfen auch keine Deiche mehr gegen die zunehmenden Sturmfluten.

Die gute Nachricht: Noch ist die Erde bewohnbar – noch.

In der Zeitung vom 17.11.2023, einem ganz normalen Freitag, finden sich folgende Kapitel- bzw. Bildunterschriften, die ich am Ende mit einem kleinen Kreis versehen habe. Wenn wir glauben, dass sie auch noch im Jahre 2043 aktuell sein dürften, darf angekreuzt werden:

Sand- und Staubstürme werden an einigen Orten der Welt häufiger o

Klimawandel lässt Lebensräume dramatisch schrumpfen o

Während meines Referendariates bin ich, wie an anderer Stelle bereits gesagt, auf jenes Diagramm *Eduard Sprangers* gestoßen, in dem er von *Grundphänomenen des menschlichen Daseins* spricht und diese in einem Speichennetz aufzeigt, indem er an den jeweiligen Polen Gegensätze positioniert - Gegensatzpaare, sozusagen. Diese Antonyme sind nach Sprangers Beobachtungen „ewig", also aus unserm Leben nicht wegzudenken.

Daraus schlussfolgere ich: Sicherlich wird es auch in zwanzig Jahren noch „Schurkenstaaten" geben.

Das Gerangel einzelner Staaten um ihre Weltmachtposition wird nicht aufgehört haben.

Menschen sind weiterhin Bedrohungsängsten ausgeliefert und fürchten immer noch den atomaren Supergau.

Einzelne Regionen dieser Erde scheinen sich einfach nicht befrieden zu lassen.

Die „Festung Europa" wehrt sich weiterhin verzweifelt gegen Immigration.

Der Kampf um die weltweiten Trinkwasservorräte hat an Schärfe zu- genommen.

Noch immer kämpfen Regierungen einzelner Länder um soziale Gerechtigkeit und um eine vernünftige Verteilung der sozialen Ressourcen.

Im Hintergrund lauern weiterhin Pandemien.

Wie zu erwarten, ist es nicht gelungen, die Prinzipien von Freiheit und Gleichheit unter einem Dach zu vereinen. (Das Postulat der Gleichheit aller schließt nämlich die Freiheit des Einzelnen aus – und umgekehrt.)

Es folgen nun zur Illustration des Gesagten weitere Kapitel- und Bildunterschriften des *Tagesspiegels* vom 17.11. 2023. Diesmal möchte ich auf das Ankreuzen verzichten, weil die Meldungen eher zeitbezogen zu sein scheinen. Trotzdem glaube ich, dass einige von ihnen eine dauerhafte Tendenz aufweisen:

Biden warnt Israel vor Besetzung von Gaza

Bürgerkrieg im Sudan

Glyphosat bleibt

Entwicklung der Gaspreise – keine Entwarnung für den Winter

Der Kulturbetrieb droht zu zerbrechen

Über die Zwänge junger Frauen (Me Too - Story)

(Fußballverein) sucht neuen Trainer – Auftrag Klassenerhalt (Union 06)

Vertrauen in hormonelle Verhütung sinkt – Kondom löst die Pille als Nummer eins ab

Hunderte Fahrer fehlen – BVG muss Busfahrplan reduzieren

Aktivisten beschmieren wieder das Brandenburger Tor

Senatorin warnt vor Hot Chip Challenge

Jüdisches Leben ist Existenz auf Widerruf

Diebe klauen viele Autoscheinwerfer

Teltow hilft seiner (ukrainischen) Partnerstadt (Chotyn)

Der ständige Hass gegen trans Menschen muss ein Ende haben

In Strausberg arbeitet die Firma Apus am klimaneutralen Fliegen

*

Nun *zu uns Menschen* und ihren geistlichen und geistigen Grundlagen: Wir sprechen von einem sichtbaren und einem unsichtbaren Himmel. Die Engländer unterscheiden da zwischen *sky* und *heaven*.

Die Anhänger der Weltreligionen glauben allesamt an einen unsichtbaren Gott, den sie unterschiedlich benennen. Da sie ihm jedoch jeweils allmächtige Kräfte zuschreiben, kann es ihn der Logik gemäß nur einmal geben, weil er immer derselbe sein muss – sonst wäre er ja nicht allmächtig, müsste er seine Gewalt doch teilen.

Evangelische Christen bekennen in ihrem Credo, dass sie an Gott, den Vater, den Allmächtigen, glauben und bitten am Ende, dass dieser sie zum ewigen Leben führe. Nun ist es mir nicht möglich, die Begriffe *allmächtig* und *ewig* zu denken, das heißt, in ihrer Bedeutung zu erfassen.

Die Theologin *Christina Brudereck*, so erfahren im Tagesspiegel (15.11.2023, S. 7), sagte vor der EKD, der Synode der Evangelischen Kirche in Deutschland, dass sie Mitglied in einer Partei sei, weil wir Moral und Menschlichkeit bräuchten. Sie sei Mitglied in der evangelischen Kirche, weil wir die *Kraft* bräuchten für Moral und Menschlichkeit. 43% der Menschen in Deutschland, so erfahren wir in diesem Zeitungsartikel, seien im Jahre 2023 konfessionslos.

Nur etwa ein Drittel der Kirchenmitglieder und 19 % der Gesamtbevölkerung bejahten die Aussage: „Ich glaube an einen Gott, der sich in Jesus Christus zu erkennen gegeben hat."

Annette Kurschuss, die kurzzeitige Ratsvorsitzende der EKD, betone an gleichem Ort, dass es vor allem das Ziel sein müsse, dass die Kirche *Hoffnung und Kraft* ausstrahle und schlussfolgere: „Wir müssen auch mal hier eine Ecke und da eine Kante zeigen, das macht uns interessant."

Nun, geht es wirklich darum, dass sich die Kirche *interessant* machen müsse?

Mir ginge es vielmehr immer noch um eine Klärung der unscharfen Begriffe *allmächtig* und *ewig* und außerdem um die schlüssige Beantwortung der ungelösten Frage nach dem Sinn von allem – dem Sinn des Daseins und des Seins.

In Bezug auf unsere Ausgangsfrage kann ich mir gut vorstellen, dass die Kraft der religiösen Rückbindung innerhalb der nächsten zwanzig Jahre weiterhin rapide abgeschmolzen sein wird. Und wer die Kraft der Kirche als *Institution für Moral und Menschlichkeit* bezweifelt, wird diese Werte dann wohl stärker aus sich selbst heraus generieren und sich zu einer permanenten individuellen ethischen Wertschöpfung bereitfinden müssen. Dies könnte uns schnell überfordern.

Was die *geistigen* Grundlagen anlangt, so wird fragender Forschergeist weiterhin zu erstaunlichen Ergebnissen kommen, die zum Sieg des Verstandes und zur Niederlage der Vernunft führen werden (frei zitiert nach *Thure von Uexküll*). Wir sind und bleiben oftmals *fremdbestimmt*, das heißt, wir sind den Zeitumständen wehrlos ausgeliefert. Daneben sind wir glücklicherweise aber auch *eigenbestimmt*. Wir können uns Ziele setzen. Wir können aktiv werden. Wir können unser Wissen erweitern und Erfahrungen sammeln. Wir können nach Erfolg und Zufriedenheit streben – für uns und für jene, die wir lieben.

Glück

Schau ich von heut auf fern zurück,

In Freiheit und in Frieden,

Vereint mit meinen Lieben,

So war's ein Leben voller Glück.

(J.H., 03/2024)

16. Was bedeutet für Dich *Liebe*?

Liebe bedeutet für *mich*, dass ich mich zu einem Menschen, in meinem Falle (m)einer Frau, in besonderer Weise in Treue hingezogen fühl(t)e.

Natürlich können wir uns auch einer Sache oder einer Idee verschreiben, aber davon soll hier nicht die Rede sein. Sicherlich könnte ich auch die Bibel zitieren, aber ich gehe davon aus, dass vielmehr meine eigenen Gedanken und meine eigene Meinung gefragt sind.

Wenn ich ehrlich bin, so muss ich zugeben, dass ich das entsprechende menschliche Sinnesorgan für Liebe nicht klar benennen und verorten kann.

Ist es unser Herz?

Ist es unsere Kehle?

Ist es unser Gemüt?

Ist es unsere Seele?

Bleibt der Verstand außen vor?

Sind es am Ende alle Gefühlsebenen zugleich?

Auch kann ich nicht genau sagen, ob sich Liebe in einer besonderen Phonstärke äußert, ob sie sich messen oder vergleichen lässt.

Offenbar nimmt sie ihren Anfang, sobald wir per Auge oder Ohr dem „Objekt" unserer Zuneigung begegnen. Sie kann sehr lange und intensiv anhalten, wenn auch nicht „ewig"; denn sie ist ja an *uns Sterbliche* gebunden.

Es scheint so, als ob wir selbst entscheiden, wen wir lieben – aber ich bin mir auch hierbei nicht so sicher, weil sich Liebe unserer Emotionen überfallartig bemächtigen kann und wir ihr (zumindest anfangs) wehrlos ausgeliefert sind. Sie kann heftig entbrennen oder allmählich wachsen; aber sie kann auch langsam verglühen und schließlich erlöschen und allenfalls in der Erinnerung weiterleben.

Wir sollten allerdings zwischen zwei Aussagen unterscheiden, nämlich: *„Ich habe Dich lieb"* und *„Ich liebe Dich"*.

Ich *habe* meine Kinder und Enkel *lieb*; aber *geliebt* habe ich nur meine Frau.

Wenn drei bloße Einzelwörter zu dem Wort *Ich liebe Dich* verschmelzen, dann nimmt dieser Satz eine stets unterschiedliche Bedeutung an, je nachdem, *welches* der drei Wörter wir betonen.

Ist das schon wieder eher spitzfindig?

Ich behaupte: „wahre" Liebe in der Partnerschaft ist einzig, unteilbar und fußt auf Treue.

Ja, ich fühle mich *hingezogen* zu einzelnen Gattungen der Musik – zu bestimmten Arten von Klassik, Schlager und Pop.

Ja, ich lese gern, wobei ich Liebesromane (und -filme) etwas einseitig bevorzuge. Sie erzählen nämlich eine herzzerreißende Geschichte.

Mittlerweile ist mir das laienhafte Schreiben ans Herz gewachsen, weil es mir dabei hilft, meine Gedanken zu sortieren und abzuschließen.

Ich koche gern und liebe es, meine Gäste zu bewirten.

Die auf Sachen (oder Abstrakta) gerichteten Vorlieben sind mit der Ausgangsfrage vermutlich eher weniger verbunden und es geht hier sicherlich auch nicht um Hundeliebhaber oder Naturfreunde.

Vielmehr dürfte es sich um etwas Bestimmtes (und ganz Konkretes) handeln, also um die Liebe zu einem einzelnen Menschen – *dem* für uns besonderen und einzigartigen Menschen überhaupt!

Schon oft habe ich für Menschen beiderlei Geschlechts *geschwärmt*. Ich fand sie ansprechend und anziehend, also sympathisch.

Manchmal entstammten sie meinem Freundes- oder Bekanntenkreis, wiederholt kannte ich sie (z.B. Filmschauspielerinnen) jedoch nicht einmal persönlich.

Schwärmen war für mich nie mit dem Risiko verbunden gewesen, abgelehnt oder zurückgewiesen zu werden, weil jene, für die ich im Geheimen etwas übrighatte, davon ja nichts wissen konnten. *Schwärmen* ist sogar in jenen Fällen relativ risikofrei, in denen jemand von uns in irgendeiner Form (z.B. Lehrer-Schüler-Verhältnis) abhängig ist, solange wir uns unseres sozialen Rollenspiels bewusst sind.

Wie oft fand ich während meiner Berufstätigkeit Referendarinnen oder Praktikantinnen oder Schülerinnen ansprechend bzw. anziehend, also attraktiv. (Umgekehrt mag dies zu meinem Schutz und Vorteil eher selten gewesen sein.)

Nein, ich hatte mich gegenüber den mir anvertrauten Schutzbefohlenen stets „objektiv" und „neutral" und fair zu verhalten und so ließ ich mir Flügel wachsen, um risikofrei und wachsam über meinen Gefühlen zu schweben.

Gegenseitige Treue versprechen sich Brautpaare vor dem Standesbeamten (und oft in der Kirche vor dem Altar) und haben die Chance daran zu arbeiten, dieses

Versprechen zu halten – sozusagen, bis der Tod sie scheidet.

In Fotoalben finden wir Bilder von uns – vor allem aus alten Tagen. Diese Fotos sind ein anschaulicher Beweis dafür, dass wir uns äußerlich verändern. *Liebe* erträgt unsere Falten und Runzeln und unser alterndes Spiegelbild!

Liebe bedeutet, dass wir uns in den von uns geliebten Menschen immer wieder hineinversetzen und die Welt mit *seinen* Augen sehen. Dies ist eine wichtige Voraussetzung für gegenseitiges Verstehen.

Meinungsfreiheit gehört nicht nur im Grundgesetz zu unseren Grundrechten, sondern sie muss auch in einer liebenden Beziehung ihre Freiräume finden.

Natürlich ist es hilfreich, wenn *Deine* Lieblingsgerichte auch zu meinen gehören und wenn wir dieselbe Schwäche für eine bestimmte oder ähnliche Farbe haben. (Nicht immer hatten meine Frau und ich denselben Geschmack.) Möglicherweise haben wir in der Wahlkabine unsere Kreuze an jeweils anderer Stelle gemacht.

Dass Ingrid jedoch anfangs Vegetarierin war und ich nicht, hat unserer Liebe allen Unkenrufen zum Trotz keinen Abbruch getan, weil wir *tolerant* genug waren, uns darüber nicht zu entzweien.

Gemeinsame Ziele und gemeinsam getragene Entscheidungen waren für uns jedoch wichtig: Während einer stundenlangen Autofahrt Anfang der 70er durch die kanadische Wildnis zählten wir auf, was wir gegenseitig an uns mochten. Am Ende fanden wir heraus, dass die Summe der sympathischen Eigenschaften des Anderen schließlich nicht das Ganze sei. Liebe ist mehr als die Addition unserer Eigenschaften und deren Wertschätzung! Liebe bleibt ein *Mysterium*, ein Geheimnis, und daher letztlich nur unzureichend erklärbar; aber es gibt sie und sie trägt zu unserer Glückseligkeit bei.

17. Wie hat sich die Infrastruktur in Berlin verändert?

Wer den Begriff *Infrastruktur* definieren will, stellt fest, dass dieses Wort sehr komplex ist und zahlreiche Lebensbereiche umfasst.

Berlin, so wie es unseren heutigen Vorstellungen von einer Großstadt entspricht, besteht ja erst seit 1920.

Gern würde ich die Fragestellung ein wenig zu meinen Gunsten verändern, damit sie für mich noch einigermaßen beherrschbar bleibt: **„Zeige anhand ausgewählter Beispiele, wie sich das Verkehrswegenetz in Berlin seit der Gründung Groß-Berlins verändert hat"**!

Selbst dieser Imperativ in abgespeckten Form erscheint mir noch recht weit gefasst; denn er würde von mir verlangen, in bezirklichen Heimatarchiven nach historischen Straßenkarten und Bildern zu fahnden, diese zu vergleichen und fachmännische Schlussfolgerungen daraus zu ziehen. Diese Arbeit kann und mag ich jedoch nicht leisten.

Am Ende meiner Antwort(en) werden wir sehen, dass wir die Eingangsfrage eigentlich noch weiter vereinfachen müssten; denn mir schwebt nicht vor, mich mit den Schienenwegen oder Kanälen oder dem

Bau von Flughäfen zu befassen; auch diese Teilbereiche gehören ja zur Infrastruktur in Sachen Verkehrswegenetz.

*

Erster Wohnort (in Untermiete): ***Ebersstraße 39*** (ab 1941)

Soweit ich es beurteilen kann, wurde dieser Straßenzug vom Bombardement des Zweiten Weltkrieges weitgehend verschont und war vermutlich um 1900 herum bereits urbanisiert und in unserem Falle mit vierstöckigen Häusern einschließlich Hinterhöfen bebaut worden. Mein Schulweg führte mich in den späten 1940er und frühen 1950er Jahren während meiner Grundschulzeit durch die Ebersstraße bis hin zur *Albertstraße* und dann nach rechts in die *Feurigstraße*. Neubauten aus der Nachkriegszeit in diesen genannten Straßenzügen sind mir kaum erinnerlich und die asphaltierten Straßenverläufe im Kiez haben sich wohl bis heute nicht wesentlich verändert.

Als wir in den 1950er Jahren in die ***Belziger Straße 50*** umzogen, quietschte damals noch die Straßenbahn der Rund-Linie 66 an der Kreuzung Eisenacher-/Ecke Belziger Straße um die Kurve und die gegenüberliegende (Riesengebirgs-)Schule lag in

Trümmern. Wir spielten wahrlich als „Straßenkinder" im Vorgarten unseres ebenfalls vierstöckigen Altbauwohnhauses und auf dem Bürgersteig davor. Autos waren dort eine Seltenheit und hin und wieder tuckerte ein durch Kohle betriebenes „Wasserdampfauto" mit kleinem Schornstein durch die Straße. Das Straßenbahndepot von nebenan gibt es in seiner baulichen Substanz zwar heute noch, aber die Straßenbahnen von einst sind seit langem verschwunden, desgleichen die Straßenbahngleise. Es gibt dort keine Jungen mehr in kurzen Hosen und mit Kurzhaarschnitt sowie Mädchen in ihren Kleidchen und mit Zöpfen, die auf dem Gehweg Hopse oder Murmeln oder auf der Bordsteinkante Karten spielen würden. Ob in den Hauseingängen immer noch heimlich geknutscht wird? (In damaligen Liebesfilmen wurde übrigens bei Kussszenen stets „Halbzeit" durch den Kinosaal gebrüllt.)

Meine nächste Wohnstation lautete: ***Heilbronner Straße 29***.

Rund um den Bayerischen Platz hatte der Bombenhagel der Kriegstage viel alte Bausubstanz zerstört, so dass sich heute neben einigen „alten" Häusern aus dem frühen 20. Jahrhundert Neubauten aus den 1960er bzw. 1970er Jahren finden. Die Kirche zum Heilsbronnen hatte den Krieg unzerstört überstanden. Mit Sicherheit gibt es im Heimatarchiv Schöneberg alte Fotos vom Bayerischen Platz und Umgebung; aber die U-Bahn-Linie 4 hat sich in ihrem Streckenverlauf bis heute nicht verändert, so dass ich davon ausgehen möchte, dass dasselbe auch für viele Straßenverläufe im Bayerischen Viertel gilt.

Nach unserer Hochzeit im Jahre 1968 zogen wir in das 15te Stockwerk des Hochhauses *Mellener Straße 1* in Berlin-Lichtenrade. Die Dorfkirche in Alt-Lichtenrade, der Dorfteich und die umliegenden Gehöfte verweisen auf eine mittelalterliche Entstehungsgeschichte. Vermutlich haben einzelne Bauern (wie ehemals die „Millionenbauern" in Schöneberg) Teile ihrer Ackerflächen an Baugenossenschaften (z.B. den Wohnungsbauverein Neukölln) verkauft, die ihrerseits die Brachen bebaut haben. Mit Sicherheit sind im Zuge dieser Bebauungen neben den alten Magistralen (z.B. B 96) neue Straßenzüge entstanden.

Damals war es noch möglich, mit der Straßenbahn den Tempelhofer, den Mariendorfer und schließlich den Lichtenrader Damm zu befahren bis hin zur Bahnhofstraße mit dem Endhaltepunkt am S-Bahnhof Lichtenrade. Auch hier sind alle Schienen herausgerissen worden. Natürlich musste das dortige Neubauviertel an das bestehende Straßennetz angeschlossen werden, so dass ganze Straßenzüge neu entstanden.

Ein Zeitzeuge berichtete mir, dass er als Jugendlicher von Alt-Mariendorf bis nach Lichtenrade habe sehen können. Auch wenn ich ihm (allein schon wegen der Erdkrümmung) diese Aussage nicht abnehme, zeigt sie doch, dass die Urbanisierung, ausgehend vom Zentrum, sozusagen ihre Kreise gezogen und unbebautes Land verschlungen hat. Demzufolge mussten neue Straßen angelegt werden, über deren Entstehung sich mit einiger Geduld nachforschen ließe.

Dasselbe gilt auch für meinen jetzigen Wohnort in Mariendorf, im ***Nebelhornweg 13***. Unsere Wohnanlage wurde 1974 fertiggestellt. Alte (und inzwischen längst verstorbene) Nachbarn erzählten mir, dass der Nebelhornweg einst ein Feldweg gewesen sei, in dessen Furchen sie rücklings in der Sonne gelegen hätten, um die Tagesereignisse zu beschwatzen und wo die Feldhasen ihre Jungen zur Welt brachten. Auch in diesem Viertel sind mit der Bebauung einstiger Felder neue Straßen entstanden – anfangs wenig befahren und heutzutage kaum noch genügend Parkplätze für die vielen Autos bietend.

Wenn der *Heidefriedhof* in den 1950er Jahren entstand, so wird auch dort zuvor vermutlich eine unbebaute Heidelandschaft gewesen sein, auf der ein völlig neues Wegenetz entstehen musste, um die anzulegenden Gräber erreichen zu können. Historische Straßenkarten würden uns beim Vergleich von einst und jetzt weiterhelfen.

*

Zwischen 1968 und 1974 sind wir oft mit dem Auto von Lichtenrade über den *Breitunger Weg* bis zur Hermannstraße in Berlin-Neukölln gefahren. Der Breitunger Weg ist heute Teil des Britzer Gartens, der 1985 als BUGA (Bundesgartenschau) eröffnet wurde. Ich erinnere mich noch gut an das einstige knochentrockene riesige Getreidefeld, auf dem ab 1978 künstliche Seen (und mit deren Aushub Hügel) angelegt wurden. Der Besucher kann heutzutage ein Wegenetz benutzen, dass wohl weit über hundert Kilometer lang ist.

Atemberaubend war der Bau der Stadtautobahn, in dessen Verlauf vielerorts breite Schneisen in die Häuserfluchten geschlagen wurden, um tangentiale Verbindungen im alten West-Berlin zu schaffen und um den zunehmenden Autoverkehr bewältigen zu

153

können. Einzelne Streckenabschnitte sind immer noch im Bau und weiterhin höchst umstritten.

Seit einigen Jahren wird, auch aus Gründen des Umweltschutzes, das Radwegenetz in Berlin bescheiden ausgebaut. Dies führt in der Regel zur Verengung der Straßenzüge – oft zum Nachteil des Autoverkehrs.

Das oft unter den Fahrbahnen gelegene Rohrleitungssystem ist an vielen Orten in die Jahre gekommen und marode geworden. Deshalb ist es kaum verwunderlich, dass viele Baustellen entstehen und Verkehrsstaus verursachen.

In den Jahren 1970 bis 1974 bin ich regelmäßig von Lichtenrade und später zwischen 1974 und 2006 von Mariendorf aus von unseren Wohnungen zur *Werner-von Siemens-Schule* in Nikolassee gefahren. Anfangs war ich überwiegend mit dem Auto via Steglitz unterwegs und kämpfte mich, wenn ich (spätestens) gegen 06.45 Uhr zu Hause losfuhr, durch den anrollenden Berufsverkehr und über die vielen Ampelkreuzungen und konnte trotzdem meist noch pünktlich die Frühaufsicht ab 07.45 Uhr in der Eingangshalle wahrnehmen.

Nachdem mir mein Kardiologe mindestens eine Stunde täglich Fußweg verordnet hatte, stieg ich auf den ÖPNV um. Mit der U6 bis Tempelhof, der Ringbahn bis Schöneberg und der S1 bis Schlachtensee brauchte ich einschließlich der Fußwege insgesamt 73 Minuten pro Strecke. Dies war (erstens) billiger und (zweitens) relativ stressfrei. Meine Siebensachen hatte ich stets im Rucksack verstaut. Zugegeben, ich musste nun früher aufstehen und bin meist um 06.00 morgens zu Hause losgegangen; aber ich konnte dafür im Lehrerzimmer in Ruhe alles auspacken und zurechtlegen und mindestens eine Viertelstunde lang entspannt durchatmen, bis der Unterricht begann. –

Mit dem Straßennetz vertraute Bauexperten würden uns vermutlich mitteilen, dass Berlins Wegenetz immer noch ständig erweitert werden müsse, weil sich die Stadt bis an ihre Grenzen ausgedehnt habe und neu bebaut werde. Würden wir auf das Straßennetz des Jahres 1920 zurückblicken, könnten wir unsere Stadt von heute an manchen Stellen nicht auf Anhieb wiedererkennen. Aus der Sicht von damals Richtung Jetztzeit gelänge dies wohl noch viel weniger. Die Mobilität hat enorm zugenommen und dank des schnellen Straßennetzes unser Leben erleichtert.

18. Was hast Du zu der Jahrtausendwende an Silvester gemacht?

(Wie war das Gefühl? Wie war das für die Gesellschaft?)

Fast zeitgleich mit dieser Fragestellung las ich im *Tagesspiegel* (03.01.2024, S. 11) das Folgende:

Von Menschen ist den Forschenden zufolge bekannt, dass ihr soziales Gedächtnis zwar nach 15 Jahren des Nicht-Mehr-Sehens abnimmt, frühere Bekannte aber durchaus auch nach fünf Jahrzehnten noch erkannt werden.

Ob sich *Hannelore*, meine erste Freundin aus dem Jahre 1961, und ich auf der Straße nach nunmehr gut sechs Jahrzehnten tatsächlich noch wiedererkennen würden, sollten wir uns unverhofft begegnen?

An unseren ersten Kuss kann ich mich jedenfalls noch deutlich erinnern. Den ersten Kuss vergessen wir angeblich nie.

Bildgestützte Erinnerungen bleiben vermutlich länger lebendig als solche, die sich lediglich aus unserem Gedächtnis speisen. Da wir die Veränderungen an unserm verschollenen Gegenüber nicht wahrnehmen können, bleiben uns einst vertraute Menschen in unserer Vorstellung als „ewig" jung konserviert.

Ich kann mich nicht erinnern, dass wir (bis auf wenige Ausnahmen wie z.B. 2001/2002 im *Kloster Schwanberg*) Silvester anderswo als bei uns zu Hause gefeiert hätten. Oft hatten wir unsere Potsdamer Freunde eingeladen und trafen uns wohl allermeist erst nach 18 Uhr, als es längst dunkel geworden war. Es gab reichlich zu essen und zu trinken, oft Kassler mit Kartoffelsalat – oder waren es zur Abwechslung auch mal Wiener Würstchen?

Dinner for One war eigentlich eine Pflichtsendung, die wir unbedingt alljährlich sehen mussten. Auch das Bleigießen, Wunderkerzen und Konfetti schienen unumgänglich. Mit Sicherheit hat sich Ingrid im Verlaufe des Abends ans Klavier gesetzt und wir haben gesungen. Sie war sozusagen unsere Programmdirektorin und hat sorgfältig darauf geachtet, dass auch alle Programmpunkte auf ihrem Vorbereitungszettel „abgearbeitet" wurden.

*

Vielleicht waren es mein Bunkererlebnis von 1945 und die ohrenbetäubende Explosion der Fliegerbombe auf dem Grundstück meiner Großeltern in Wittenau, die mir bis zum heutigen Tag die Lust austrieben, mit Knallkörpern und Silvesterraketen zu hantieren. Auch beim Öffnen knallender Sektflaschen tue ich mich bis heute schwer. Trotzdem hatte Ingrid stets einige Raketen besorgt, die wir im bereitgestellten Flaschenkasten im Vorgarten zündeten und deren Glitzerreigen wir dann am nächtlichen Himmel gewohnheitsmäßig bestaunten.

Vermutlich waren wir zur Jahreswende 1999/2000 zum Silvestergottesdienst nach Mariendorf-Süd gefahren, wo Pfarrer *Joachim Stoewer* seine Gemeinde erwartete. Allerdings konnte die Abendandacht nicht pünktlich losgehen, da unser Organist fehlte. Als Pfarrer Stoewer unruhig zu werden schien, stieß ich Ingrid sachte an und sie eilte nach hinten, zog einige Register und intonierte an der Orgel „Von guten Mächten...". Sie konnte das Lied noch zu Ende begleiten, als dann René übernahm. Er, unser damals neuer Kantor, hatte am U-Bahnhof Alt-Mariendorf den Bus A 176 verpasst und war die ganze Strecke nach Mariendorf-Süd gejoggt.

Anschließend sind wir dann vermutlich gemeinsam mit *Rosmarie* und *Eberhard* durch das bereits böllernde Mariendorf zu uns nach Hause gefahren. –

*

Ich werde nach meinen damaligen Gefühlen gefragt. Nun, Ingrid war fünf Jahre zuvor krankheitsbedingt zwangspensioniert worden. Mit Sicherheit werde ich uns damals im Stillen gewünscht haben, dass sich ihr gesundheitlicher Zustand verbessere und dass ich unsere beiden (nunmehr erwachsenen) Kinder noch lange würde begleiten können. Nur konnte ich nicht wissen, dass meine Frau ab 2011 ihre letzten acht Lebensjahre zuerst im *Seniorenhaus Lerchenweg* und anschließend bei *Remeo* in Mahlow verbringen würde.

Zur Jahrtausendwende waren meine Hoffnungen vermutlich stärker als meine Befürchtungen. Noch hatte ich weitere sechs Unterrichtsjahre bis zu meiner Pensionierung vor mir, aber da mir meine Lehrtätigkeit stets Freude bereitete, habe ich damals mit Sicherheit Lust zum Weitermachen verspürt.

Ebenfalls konnte ich nicht ahnen, dass ich in Kürze nicht mehr im Kirchenchor Mariendorf-Süd singen, sondern zusammen mit *René Schütz* in die Kantorei der *Martin-Luther-King-Gemeinde* in der Gropiusstadt übersiedeln würde, wo er eine feste Stelle als Kantor gefunden hatte.

Meine Chorstationen waren also in Alt-Schöneberg, Mariendorf-Süd, Mariendorf-Mitte und schließlich in der Gropiusstadt. –

Der große historische Glücksfall war ja bereits zehn Jahre zuvor eingetreten: die DDR war der Bundesrepublik Deutschland beigetreten und somit war Deutschland wiedervereinigt. Da gab es noch jede Menge an Aufgaben anzupacken.

Bis zum heutigen Tage genieße ich die damals gewonnene Reisefreiheit und gehe gern allein und mit „meinen" Senioren auf stets neue Entdeckungsfahrten an den Rand Berlins und ins Umland.

Auf Ungewissheit war weiterhin Verlass – auf Hoffnung aber auch!

Poesie im Miniformat

Das Bildnis bleibt, der Turm, der steht,

Musik, so scheint's, ist schnell verweht,

Doch Noten halten Töne fest,

Die Tonkunst uns niemals verlässt.

(J.H., 07/2024)

19. Fülle diesen Steckbrief aus!

Name

Jürgen *Gerhard Hans-Heinz* **Hembd**

Jürgen ist mein Rufname. *Gerhard* war der Vorname meines Vaters, *Hans-Heinz* hieß der Bruder meiner Mutter.

Der Männername „Jürgen", so lese ich einer „Namensurkunde", sei als niederdeutsche Form zu dem griechischen Namen „Georg" entstanden, welcher aus dem Wort „georgos" abgeleitet worden sei. In seiner Übersetzung habe er dem „Bauern" oder auch „Landarbeiter" entsprochen.

Nun, ich bin in beruflicher Hinsicht diesen historischen Vorgaben nie gerecht geworden.

An unseren Vornamen lässt sich oft das Alter der betreffenden Person schätzen und ich bezweifle, dass in deutschen Standesämtern der Gegenwart mein Vorname noch auf den vorderen Plätzen steht.

Unter meinem Familien- bzw. Zunamen habe ich als Kind und auch noch als Jugendlicher ziemlich gelitten, weil ich mich durch seine Verballhornung herabgesetzt fühlte.

Als wir vor Jahren eine Chorreise ins Weserbergland unternahmen, wurde ich öffentlich als *„Herr Hose"* vorgestellt. Ich habe in einer Gegenrede am Mikrofon gefragt, was sich der Vorredner davon verspreche, mich verächtlich zu machen und auf meine Kosten Lacher einzufahren und ob ich ihm die Herkunft und Bedeutung meines Familiennamens wirklich einmal erklären solle. Er zog es vor, betreten zu schweigen.

Ich selbst mag seit jeher weder Spitznamen noch Verniedlichungen der von uns ererbten oder der uns zugedachten Namen, weil wir sie bei unserer Namensgebung ja als Opfer widerspruchslos hinnehmen müssen. (Dass unser Sohn Holger Andreas *Andi* genannt wird, stört ihn nicht.)

Wer kann sich schon seine Eltern, sein Geschlecht, seine Hautfarbe, den Zeitpunkt und den Ort seiner Geburt sowie seinen Namen aussuchen? Mein Zuname, so erfahre ich weiter, stamme aus dem niederdeutschen Sprachgebrauch. Dieser Name sei von dem Wort „Hemete", auch „Himte", abgeleitet und bezeichne das Getreidemaß. Früher, als es üblich war, dass sich die Berufe in den Namensträgern widerspiegelten, sei der Name „Hembd" und „Hemete" wohl eine Berufsbezeichnung für den „Kornmesser" gewesen.

In meiner *Familiengeschichte Hembd/Hempt/Hembt* findet sich das Folgende:

Hemtinnes (flämisch: Hempten) ist der Name eines im rein wallonischen Sprachgebiet Belgiens, an der Grenze von Brabant und dem ehemaligen Hoheitsgebiet von Lüttich gelegenen Ortes, der zum Verwaltungsgebiet der Grafschaft Namur gehört und zum ersten Male im Jahre 1050 in der Geschichte dieses Landgebietes erwähnt wird.

Das gleichnamige zum Uradel des Landes gehörige Geschlecht De Hemptinne (auch van Hemtinne genannt) war nachweislich schon vor dem Jahre 1231 daselbst begütert und seit dem Jahre 1350 von der Grafschaft Namur mit dem Schloss Skendremale belehnt, das nach der Familien-Chronik der Stammsitz dieses Geschlechtes war. (.....)

Ritter Eustach des Hemptinne ist der erste dieses Geschlechtes, der im Jahre 1231 als „balli von Namur" *in der Geschichte der gleichnamigen Grafschaft erwähnt wird. Sein Name wurde außerdem verewigt in dem Stiftsbrief über die im Jahre 1250 von ihm errichtete Abtei von Boneffe, in deren Kirche er nach seinem Tode im Jahre 1267 auch beigesetzt wurde.*
(Quelle: Erich Wegner, Familiengeschichte Hembd/Hempt/Hembt Erich Wegner war

Bundesbahn-Amtmann, wohnhaft in Ludwigshafen/Rhein, Richard Dehmel-Str. 25, und verfasste diesen Privatdruck im Jahre 1970.)

Alter

Geboren wurde ich am **16. Mai 1941** im damaligen Rittberg-Krankenhaus in Berlin Lichterfelde. Meine Eltern hatten sich ein Mädchen gewünscht und für sie den Namen *Monika* vorgesehen. Ob sie es mir je „verziehen" haben, dass aus mir ein Junge wurde und hätten sie mich als Mädchen sehr viel mehr geliebt? (Ich habe mein Geburtsdatum anstelle des Alters notiert, weil ich mein Alter leider nicht festhalten kann.)

Beruf

Als ich 1957 aus der 2. OTZ (Oberschule Technischen Zweiges) entlassen wurde, hatte ich lediglich das Zeugnis der Mittleren Reife in der Tasche. Meine Eltern hatten am Ende der Grundschulzeit nämlich entschieden, dass ein Abitur für mich nicht infrage käme, sei ich doch – strenggenommen und nach Familientradition - ein Arbeiterkind.

Was blieb mir nun übrig? Ich entschloss mich, übergangsweise, zu einem Lehrberuf im kaufmännischen Bereich und wurde von der Berliner Commerzbank als Banklehrling angenommen. Die Lehrzeit würde drei Jahre dauern, von montags bis samstags.

Am Ende hatte ich zwar den *Kaufmannsgehilfenbrief* in der Tasche, war gelernter **Bankkaufmann**, hatte aber immer noch kein Abitur und war somit meinem Wunschberuf in der Studienratslaufbahn keinen Schritt nähergekommen.

Im Hauptgeschäft der Berliner Commerzbank AG erhielt ich den begehrten Posten eines Kreditsachbearbeiters und war im Schalterdienst eingesetzt. Meine beiden Abteilungsdirektoren und der Bürochef konnten jedoch nicht ahnen, dass ich am Schreibtisch im Verborgenen englische und französische Vokabeln für die Abiturprüfung paukte.

Trotz der eher mageren Durchschnittsnote reichte mein externes Abiturzeugnis zur Zulassung an der FU Berlin, wo ich Geschichte und Anglistik studierte. Was ich nicht wusste, war die Tatsache, dass ich für die Hauptseminarprüfung in Geschichte eine dreistündige Klausur in Englisch, Französisch *und* Latein bestehen müsse. Also ging ich wiederum zu Gabbes

Lehranstalten, lernte dort vom Nullpunkt an Latein, bestand im Jahre 1970 die Klausuren und schließlich das Erste Staatsexamen.

Zuvor hatte ich mich auf Drängen von Prof. Dr. Kaiser, ordentlicher Professor für die ältere Abteilung der englischen Linguistik, auf eine Assistentenstelle am Englischen Seminar beworben, die im Zuge der damaligen Studentenrevolten jedoch nicht sofort besetzt werden konnte. Stattdessen trat ich als Studienreferendar in den Dienst der Berliner Schule. Ich hatte mich also für die langersehnte **Studienratslaufbahn** entschieden und würde dabei bleiben. Mein Referendariat endete 1972 mit dem Zweiten Staatsexamen, diesmal mit „gut".

Als mir danach von der Freien Universität Berlin im Jahre 1972 zum zweiten Male die vakante Assistentenstelle am Englischen Seminar angeboten wurde, lehnte ich diese ab. Aus schlechtem Gewissen bot ich der Seminarleitung jedoch an, mir einen Lehrauftrag zu erteilen. Ich wollte ihn überhaupt nicht; aber ich erhielt ihn prompt. So bereitete ich mich neben meinen schulischen Pflichten wöchentlich etwa 25 Stunden für diesen insgesamt vierstündigen Lehrauftrag in Englischer Syntax vor, aber ich verspürte keine Freude dabei, durchschnittlich 75 Studenten im verqualmten Hörsaal in englischer Grammatik zu unterrichten und auf die Abschlussklausuren vorzubereiten, deren Bestehen für sie die Eintrittskarte ins Hauptseminar war.

An der Schule lehnte ich es ab, die Leitung eines Englisch-Fachseminars für Referendare zu übernehmen. Dies war eine eher intuitive Entscheidung; denn fachlich hätte ich es mir zugetraut. Vielleicht war diese Entscheidung aber richtig; denn im Jahre 1979 machte mir die Diagnose einer *vegetativen Dystonie* schwer zu schaffen. Ich war einfach überarbeitet und total erschöpft.

Im Zuge dieser Erfahrung lehnte ich in den folgenden Jahren (und man halte mich jetzt bitte nicht für einen „Angeber") insgesamt sechs Beförderungsangebote ab. Nein – ich wollte kein (Fach-)Vorgesetzter werden. Ich wollte eher „unsichtbar" bleiben und im Stillen einfach nur unterrichten.

Kurz vor meiner Pensionierung wurde mir allerdings als *Fachleiter die Fachbereichsleitung* des gesellschaftswissenschaftlichen *und* des englischen Fachbereiches zugleich übertragen - ohne entsprechende Bezahlung; denn für eine Beförderung war ich mittlerweile viel zu alt. Widerstand zwecklos.

Das abschließende Bekenntnis, das ich nebenberuflich an der VHS Schöneberg Englisch unterrichtet und nach meiner Pensionierung im Jahre 2006 dasselbe sogar noch an der VHS Charlottenburg getan habe, würde mich vermutlich reif für den Beichtstuhl machen.

<u>Hobbys</u>

Ehrlich gesagt – ich habe weder ein *Steckenpferd* noch eine *Liebhaberei*. Ich sammle keine Briefmarken, keine Münzen und auch keine Bierdeckel. Schon lange nicht mehr!

Und doch, es gab und es gibt Dinge, die ich gern und ausdauernd tue: Nach meiner Konfirmation im Jahre 1955 wurde ich in der Kirchengemeinde Alt Schöneberg *Jugendgruppenleiter*. Zwischen 1957 und 1960 unternahmen wir unter meiner Leitung vier „Westwanderfahrten": in den Bayerischen Wald, ins Sauerland, nach Schleswig-Holstein und eine Radtour nach England.

Kurz vor meiner Pensionierung im Jahre 2006 las ich im Gemeindeblatt Mariendorf einen Klagebrief: ein Pfarrer (Pfr. Frisch) und eine Gemeindehelferin, die zuvor mit Wanderbegeisterten unterwegs gewesen waren, hatten die Gemeinde verlassen. Ich erklärte mich bereit, künftig deren Senioren-Kultur-und-

Wandergruppe zu übernehmen und so waren wir (unterbrochen von der Corona-Pandemie) bisher bald 350mal unterwegs. In jüngster Zeit wandern wir nur noch einmal monatlich etwa zwei Stunden lang, aber das **Wandern** hat mich seit jeher nicht mehr losgelassen.

Das aktive **Singen** hält mich seit meinem Stimmbruch fest im Griff. Auch in passivem Sinne ist das Singen für mich bedeutsam geblieben. Bis zum Jahre 2024 fand (mit wenigen Ausnahmen) einmal jährlich im Britzer Garten das *Berliner Seniorenchorfest* statt und könnte durchaus auch künftig eine Fortsetzung finden. Für viele Sängerinnen und Sänger sei es, so wurde mir schon mehrfach gesagt, das Highlight des Jahres.

Leider musste ich erfahren, dass mein Versuch, das Klavierspiel zu erlernen, trotz hoher Motivation, fleißigen Übens und materiellen Einsatzes erfolglos geblieben ist. Irgendetwas hat mit meiner Koordinierungsfähigkeit im Kopf nicht funktioniert; dennoch war diese Erfahrung für mich wichtig, hat sie mir doch gezeigt, dass wir manchmal mehr wollen als wir können. So musste ich meinen Wunschtraum, einmal Orgel spielen zu können, traurig begraben.

War meine vorerwähnte *vegetative Dystonie* im Jahre 1979 so etwas wie die Vorstufe eines *Burnout*? Es hatte damit begonnen, dass ich einer meiner Klassen an der Tafel nicht mehr die Regeln der Groß- und Kleinschreibung im Englischen erklären konnte, weil ich plötzlich nicht mehr sprechen konnte sowie Seh- und Gleichgewichtsstörungen hatte.

Die Suche nach innerer Ruhe führte mich in eine Malgruppe unter der Leitung von *Monika Brachmann* in die VHS Kreuzberg. Dort lernte ich, dass es mehrere Sorten Papier mit je eigener Struktur gibt und vielerlei Maltechniken - nicht nur Bleistift oder Kreide, sondern daneben auch Tusche, Acryl, Gouache oder Öl. So waren wir einmal wöchentlich irgendwo in einem Hinterhof in der Kochstraße am quadratischen Tisch und bei Kunstlicht von oben rund um ein Sujet vereint und strengten uns drei Stunden lang an, um unser Bestes zu geben, was uns am Ende oft als längst nicht gut genug erschien. Eigentlich bin ich kein Maler, eher schon ein Zeichner; denn es fehlte mir meist an Mut, Papier großflächig mit Farbe zu bedecken. Detailarbeit im Kleinformat war mir lieber; aber ich genoss das gemeinsame **Malen**, weil es begleitet wurde von anregenden Gesprächen und dem herzlichen Lachen unserer Kursleiterin. Ich habe alle Malversuche und Skizzenblöcke aufbewahrt – als einen Teil meines Lebens.

*

An anderer Stelle habe ich berichtet, wie ich zum Dichten und zum *Schreiben* kam. Manchmal war ich erstaunt über meine poetischen Versuche, weil ich mich ganz überwiegend in Prosa ausdrücke. –

Mich fasziniert es, an x-beliebige Fragestellungen heranzugehen und vorläufige Antworten zu finden. Der Umgang mit unserer Muttersprache bereitet mir besondere Freude. Überdies bin ich zum Liebhaber längerer E-Mails und WhatsApps geworden.

Das Schreiben bedeutet für mich, dass ich mir über dies und jenes klar zu werden versuche und dann irgendwann auch einen Schlussstrich unter einen Gedanken ziehen kann.

Seit einigen Jahren zählt das *Kochen* zu meiner täglichen Beschäftigung - eine Notwendigkeit, die mir zur liebgewordenen Gewohnheit geworden ist. Gern bewirte ich auch Gäste und es macht mir Freude, meine Einkaufslisten zusammenzustellen und die Einkäufe zu besorgen.

Mir ist klar, dass ich dem Begriff „Hobby" eine eigene Deutung gegeben habe, die sich auch darin äußert, dass wir oft Dinge tun, die einerseits nötig sind, uns andererseits aber auch Freude bereiten.

<u>Lebensmotto</u>

Der Duden umschreibt den Begriff „Motto" mit *Denk-, Wahl-, Leitspruch; Devise.* Mit dem Gebrauch von Lebensmottos bin ich sehr zurückhaltend.

Für Die Drei Musketiere galt einst: *„Einer für alle, alle für einen!"*

Meine Elterngeneration brüllte zur Zeit des Nationalsozialismus so ungefähr: *„Für Führer, Volk und Staat..."* - und ging damit unter. Zu DDR-Zeiten grüßten uns Banner mit dem Wortlaut: *„Von der Sowjetunion lernen, heißt siegen lernen!"*

Na ja... Es könnte in der Schule gewesen sein, wo wir hörten: „Üb' immer Treu und Redlichkeit" oder „Ehrlich währt am längsten." Lauter geflügelte Worte, mit Moral gesättigt. Ich mag auch keine Kalendersprüche, die vor Weisheit triefen.

1989, im Jahr der Wiedervereinigung, galt der Wahlspruch: „Packen wir's an!" Diese Devise gefiel mir damals schon besser. Es hätte auch heißen können „Lasst es uns versuchen!"

*

Natürlich könnten wir die *Sieben Todsünden* in unserm Alltagsleben meiden und aus den *Kardinaltugenden* jede Menge kluger Lebensmottos ableiten: Sei tapfer, gerecht, besonnen, weise, fleißig, gehorsam und dazu erfüllt von Glauben, Liebe und Hoffnung. Würde ich allen diesen Tugenden folgen, wäre meine Anschrift vermutlich irgendwo auf der *Insel der Heiligen* zu finden.

Wenn wir uns darum bemühen, die Bedingungsfaktoren eines jeden Vorganges zu erfassen, dann könnten wir eigenständig manch eine der jeweiligen Situation angepasste Handlungsmaxime entwickeln und zuweilen gut damit fahren.

Für den Arzt gilt der Dreischritt Anamnese, Diagnose, Therapie. In einer Gesprächsrunde empfiehlt es sich, erst zuzuhören, zwischendurch nachzufragen und erst am Ende gemeinsam nach Lösungen zu suchen.

Was ich damit sagen will? *Wir müssen bei unserm Denken und Handeln bestehende Schrittfolgen (und deren Konsequenzen) erkennen und einhalten.* Ist dies etwa schon ein brauchbares Lebensmotto?

Lieblingszitat

Wieder einmal im Duden erfahren wir, dass es ein *Zitatenlexikon* und einen *Zitatenschatz* gebe. In einer wissenschaftlichen Arbeit darf (und sollte) *zitiert* werden, aber dabei muss die Quelle angegeben werden. Geschieht dies nicht sorgfältig, so begehen wir ein *Plagiat*, was einem Diebstahl geistigen Eigentums gleichkommt. Damit wäre unsere persönliche Glaubwürdigkeit erschüttert und es wäre, moralisch gesehen, wenig gediegen.

Gäbe es für mich ein Lieblingszitat, so würde ich wohl nie den Gedanken los, im geistigen Eigentum Dritter gewildert zu haben um als besonders klug dazustehen. Ich mache mir nämlich deren Gedanken zu eigen, anstatt selbst nachzudenken. Hinzu kommt, dass mein Gedächtnis so wenig trainiert ist, dass ich selbst meine eigenen Gedanken schon nach kurzer Zeit vergessen habe. Ich muss alles schriftlich festhalten.

Nein, ich bin kein Freund von Sentenzen, so klug sie auch gelegentlich klingen mögen. Ich erinnere mich daran, im Physikunterricht einst gelernt zu haben: „Was an Kraft gespart wird, geht an Weg verloren". Dies jedoch ist eine Grundformel, eine physikalische Regel und kein Zitat im eigentlichen Sinne.

In der Evangelischen Jugend der späten 50er Jahre sangen wir: „Nehmt Abschied Brüder, ungewiss ist alle Wiederkehr. Die Zukunft liegt in Finsternis und macht das Herz uns schwer..." Große Traurigkeit umfing uns.

In der vorletzten Strophe dieses Liedes heißt es:

„Das Leben ist ein Spiel,

Und wer es recht zu spielen weiß,

Gelangt ans große Ziel."

Das singt sich so leicht und melodisch, aber wenn ich doch nur wüsste, worin das große Ziel besteht und wo es zu finden ist…

Und trotzdem *zitiere* ich diese Worte in Gedanken häufig.

Besondere Fähigkeiten

Gern würde ich unterscheiden zwischen *Fähigkeiten*, *Fertigkeiten* und *Eigenschafen*.

Könnte ich bei meinen Fähigkeiten viel mehr leisten?

Bin ich ein Mensch mit großen, geringen oder hervorragenden Fähigkeiten?

Wurden in mir je besondere Fähigkeiten geweckt?

Oder haben in mir je ungeahnte Fähigkeiten geschlummert?

Offenbar besitzen wir alle das Vermögen, etwas zu tun. Wir sind allesamt zu etwas imstande. Bezogen auf die

Gattung Mensch kann es sich bei unserer Fragestellung um die *Denkfähigkeit*, die *Leitfähigkeit* oder auch um die *Fortpflanzungsfähigkeit* handeln. Immer geht es dabei um körperliche oder geistige Anlagen, um Wissen, natürliche Begabungen, um Können oder Tüchtigkeit.

Zugegeben, ich habe wieder einmal den *Großen Brockhaus* zu Hilfe genommen, um bei der möglichst differenzierten Beantwortung dieser Teilfrage keine Bruchlandung zu machen oder mir vorwerfen zu lassen, ich hätte sie gar nicht erst verstanden.

Wer mich kennt, weiß, dass ich zwei Kinder habe – eine Tochter und einen Sohn. Damit wäre die Frage nach meiner Fortpflanzungsfähigkeit (und derjenigen meiner verstorbenen Frau) eindeutig beantwortet. Da ich jedoch nicht der einzige Vater in der Weltgeschichte bin, möchte ich diese Fähigkeit nicht als „besonders" herausstellen. Im Übrigen ist sie ja, auf das gesamte Leben bezogen, auch nicht immerwährend vorhanden und außerdem haben Kinder bekanntlich stets einen biologischen Vater und eine biologische Mutter. Ohne die Mutter unserer beiden Kinder hätte mir also meine Fortpflanzungsfähigkeit nur wenig genützt. Da war Kooperation gefragt.

Ich war und bin gern Vater und Großvater, würde mich aber auch hier nicht auf den Medaillenplätzen, sondern eher auf den hinteren Rängen einordnen. Und wer will schon von sich sagen, dass er ein vortrefflicher Ehepartner (gewesen) sei?

Zweimal habe ich während meines Referendariates meine Intelligenz testen lassen. Innerhalb einer vorgegebenen Zeit muss man dabei diverse Aufgaben lösen und die Gesamtpunktzahl ergibt dann den Intelligenzquotienten, der bei mir eher mittelmäßig war und allenfalls zufriedenstellende Reaktionsschnelligkeit und Fähigkeiten aufwies.

Bei meinem zweiten Intelligenztest lief mir ständig die Nase. Ich musste zum Taschentuch greifen und die Nase putzen. Dadurch verlor ich Zeit und mein IQ war diesmal viel niedriger. Demzufolge bedeutet ein Intelligenztest wohl Messung von Wissen mal Reaktionsgeschwindigkeit in bestimmten Zeiteinheiten. Persönliche Leistungssteigerungen oder -abfälle sind demgemäß immer drin, die persönliche Intelligenz stellt also keine Konstante dar – oder?

Ich bin nicht sonderlich mutig. Bei meiner Ausbildung zum Rettungsschwimmer habe ich dem von mir gefürchteten Kopfsprung vom Dreier-Sprungbett nur dadurch entgehen können, indem ich freiwillig einen

Paketsprung („*Arschbombe*" – Verzeihung!) vorführte. Ich habe damals meine Fähigkeiten als Rettungsschwimmer ohne Glanzleistungen unter Beweis gestellt und brauchte zum Glück bisher noch nie jemanden aus dem Wasser zu fischen.

Meine beruflichen Aufgaben als Gymnasiallehrer habe ich anstandslos, gewissenhaft und ohne besondere Vorkommnisse oder Höhepunkte bewältigt; aber auch hier war ich nie die pädagogische Speerspitze unseres Kollegiums, sondern fühlte mich nur wohl in der zweiten Reihe – also gut geschützt und sozusagen hinterm Baum.

Was meine Denkfähigkeit anlangt, so bin ich manchmal ein wenig begriffsstutzig. Ich vergesse (zunehmend) viel, bin dafür aber ausgesprochen nachtragend, weil ich Ungerechtigkeiten wiederum gut behalten kann. Ich bewege mich selten schnell, weil ich dann flugs außer Atem gerate. Obwohl ich gern musiziere, fühle ich mich solistisch aber niemals bühnenreif und kann buchstäblich kaum etwas fehlerfrei vortragen.

*

Eine Kleinigkeit würde ich für mich jedoch gern zu meinem Vorteil in Anrechnung bringen: Ich glaube, eine gewisse *Leitfähigkeit* ist mir nicht abzusprechen.

Darf ich zudem sagen, dass ich mich gern sozial engagiere?

Zählt dieser Einsatzwille zugunsten anderer Menschen womöglich zu meiner persönlichen DNA?

Ich habe an mir entdeckt, dass mir *Zielstrebigkeit* und *Ausdauer* zu eigen sind - also die Fähigkeit, sich Ziele zu setzen und auf deren Erreichen beharrlich hinzuarbeiten; aber vielleicht ist dies ja gar keine Fähigkeit, sondern eher eine *Eigenschaft*. Es ist wirklich schwer, die Begriffe alle auseinander zu halten.

Lieblingsorte

Ich kann keineswegs von mir behaupten, bereits große Teile der Welt gesehen zu haben. Noch nie war ich in Afrika, Asien, Australien oder Südamerika. Wir sind zweimal von *Toronto* nach *Vancouver* quer durch Kanada gefahren – mit kleineren Abstechern in die USA. Wir waren in *Grönland* und auf *Island*; aber im Übrigen beschränkte sich unser Reiseradius auf Europa und selbst dort umfasste er nur einige wenige Länder. Ich würde niemals behaupten, dass wir die von uns bereisten Länder wirklich kennengelernt haben – wir waren einfach nur „da".

Würde ich gern an meine Lieblingsorte zurückkehren? Eher nicht; denn sie werden sich verändert haben. Viele Menschen von einst wird es nicht mehr geben und ich selbst erlebe die Welt heute mit anderen Augen.

Trotzdem – neben der *Schweiz* sind meine Lieblingsländer *Irland* und *Norwegen* geblieben; aber nach Kontinenten und Ländern ist hier ja gar nicht gefragt, sondern nach besonderen Orten – nach *meinen* Lieblingsorten.

Im Jahre 1972 hatten wir (wie zuvor berichtet) ein Ferienhaus in Finnland gemietet: in *Vuoriniemi*, genauer gesagt, in *Vuorilathi*, am *Saimaa-See* gelegen. Zu unserm Ferienhaus gehörte besagtes quietschende Ruderboot, mit dem wir „unsere" Insel, unser Inselchen, ansteuerten - eine Nussschale im weitläufigen See. Dort saßen wir auf einem blankgeputzten Felsen einige Meter über dem Wasser, nebeneinander, versunken in unsere Bücher. Die Abendsonne wärmte uns von hinten. („Augenblick, wie bist Du schön!") Ich driftete mit meinen Gedanken immer wieder ab und erkor dieses Felsenriff zu einem meiner immerwährenden Lieblingsorte und wünschte, diese schönen Momente mögen nie vergehen. Wir sprachen kaum ein Wort. Wir saßen einfach nur nebeneinander, blätterten gelegentlich eine Seite weiter und atmeten den tiefen Frieden der abendlichen Stimmung. Ob unsere Felseninsel überhaupt einen Namen hatte und ob ich sie je wiederfinden würde?

*

Silke wurde 1974 geboren, Andi 1976. Im Sommer 1977 lernte Andi laufen. Wo? Bei der Familie *Hofer*, im Salober Weg 10, in *Hopferau* bei Füssen, im Ostallgäu. Dieser Bauernhof in Hopferau mit seinen liebenswürdigen Gastgebern wurde vor der Wende für viele Jahre unsere Anlaufstelle in den Großen Ferien. Wenn wir vor dem dortigen Hauseingang saßen, konnten wir im Viertelkreis das gegenüberliegende Bergpanorama sehen: links den *Buchenberg* bei *Buching*, dann den *Säuling* bei *Füssen* und schließlich rechts den *Aggenstein* bei *Pfronten*. Alle diese Berge habe ich damals bestiegen, zum Teil mehrfach; denn wir kehrten Jahr für Jahr nach Hopferau zurück. (Noch heute schreibt mir der dortige Fremdenverkehrsverein.) Unser Standquartier mit dem nahe gelegenen Hopfensee war hervorragend geeignet für Wanderungen und Ausflüge. Oft besuchten wir Dorffeste im Ort mit viel Tschingderassassa. –

181

Wenn es stimmt, dass es „das Haus und die bildlose Hoffnung" seien, die uns die Kraft zum Leben verleihen, dann ist mein hiesiges Zuhause in Berlin-Mariendorf (also mein „Haus") ein Lieblingsort erster Güte. In unserer Wohnung lebe ich seit fünfzig Jahren. Von hier gehe ich „in die Welt" hinaus und hierher komme ich zurück. Hier wurden unsere Kinder geboren, hier sind sie aufgewachsen, von hier sind sie ausgezogen, nachdem sie flügge waren. Hier habe ich (zumindest von meiner Seite aus) glückliche Jahre mit Ingrid und unserer Familie verlebt.

Meine Nachbarn haben zwar gewechselt, aber wir sind inzwischen eine harmonische Hausgemeinschaft – mit und trotz gebotener gegenseitiger Zurückhaltung.

Um unsere erste Wohnung in Berlin-Lichtenrade beziehen zu können, „mussten" wir 1968 heiraten; denn ein Paar in „wilder Ehe" wäre damals nicht in die engere Wahl gekommen. Im Jahre 1974 erhielten wir unsere jetzige Mariendorfer Wohnung nur aufgrund unserer „Bonität". Diese Angaben spiegeln ein Stück Zeitgeschichte wider. Für die Zukunft will ich nicht ausschließen, dass sich meine Wohnanschrift altersbedingt (bitte nicht!) verändern könnte. Ob ich dann noch einmal einen Lieblingsort finden würde, bliebe abzuwarten.

Besondere Erlebnisse

Mein *Zeugnis der Reife für Schulfremde* wurde vom damaligen Senator für Volksbildung am 3. Mai 1963 ausgefertigt (seit dem 11.3.1963: „Der Senator für Schulwesen"). Auf der Rückseite finden sich die Unterschrift des Prüfungsleiters (Dr. Bartels) sowie die Signaturen der neun Prüfer, die mich mündlich in die Mangel genommen hatten. Bei der Bekanntgabe der Prüfungsergebnisse in der Hermann-Ehlers-Schule (Gymnasium) hatte der Prüfungsvorsitzende zuvor nicht angesagt, dass er die Namen derjenigen Kandidaten, die bestanden hatten, zwar alphabetisch, jedoch in mehreren Durchgängen verkünden würde. Als ich beim ersten Male *nicht* aufgerufen wurde, war ich am Boden zerstört. Trotzdem – das Warten sollte sich für mich lohnen; aber es war am Ende buchstäblich niemand da, mit dem ich meine Freude hätte teilen können. Meine Eltern waren verreist, mein befreundeter Kollege *Wolfgang* nicht zu Hause. Dies war eine herbe Enttäuschung.

Jahre später entdeckte ich unter den Unterschriften der Fachprüfer auf der Rückseite meines Abiturzeugnisses diejenige meines ersten Schulleiters, *Dr. Helmert*. Im Fach *Erdkunde* hatte ich als eines der beiden Spezialgebiete die *Sowjetunion* angegeben und ihm und der Prüfungskommission erklärt, dass, wenn es in Sibirien 70 Grad kalt würde, der Dauerfrost dort 70 Meter tief in den Boden reiche. Ungerührt fragte mich Dr. Helmert, weshalb es am Nordpol nicht *noch* kälter sei. Schließlich sei es doch der Nordpol. Ja, weshalb eigentlich nicht? Nun, erklärte er voller Wissensfülle, das Wasser hielte dort die Temperatur hoch. Als ich ihm Jahre später diese Episode erzählte, fragte er, der Urberliner freundschaftlich: „Wat, dit ha' ick jesacht?"

*

Es muss im Herbst 1973 gewesen sein. Nach einer Chorprobe der Kantorei Alt-Schöneberg fuhren Ingrid und ich gemeinsam zurück in unsere Wohnung in Lichtenrade. Wir stiegen in unsern VW-Käfer ein und Ingrid sagte zu mir: „So, Du junger Papa, jetzt fahr' uns mal alle drei behutsam nach Hause." Ich stutzte über ihre Wortwahl (Papa, drei), begriff jedoch und war - überwältigt. Ich war nicht nur überwältigt, sondern überglücklich. Immerhin waren wir bereits seit fünf Jahren verheiratet und wir wünschten uns Kinder. Sehr sogar. –

Seit dem Jahre 2000 singe ich (noch immer „aushilfsweise") im Kirchenchor der Martin Luther-King-Gemeinde in der Gropiusstadt. Als ich zur ersten Chorprobe anreiste, sagte ich zu meinem

Sitznachbarn: „Herr Professor, wir werden jetzt gemeinsam ganz viel schaffen." „Lassen Sie den *Professor* weg!" erklärte er mir. „Na gut, Herr Doktor, wir schaffen's trotzdem!" „Ach, diese ganze *Doktorei*! Ohne Promotion wäre ich doch niemals an die Professur gelangt! Mein Name ist Carl-Hellmuth." Mich hat diese erste Begegnung tief beeindruckt, weil ich einen Menschen kennenlernen durfte, dem ich *Bescheidenheit*, vielleicht sogar *Demut*, zuschreiben durfte. Sicherlich hatte er recht; denn *was* zählt in unserm Leben wirklich?

Was ich immer dabei habe

Nackt werden wir geboren und mehr oder weniger dürftig bekleidet werden wir am Ende wieder zu Erde. Nackt stehe ich morgens unter der Dusche – wie auch sonst?

Und doch nicht ganz; denn seit 1967 habe ich ihn *immer* dabei, er steckt *immer* und ständig an meinem Ringfinger – zunächst als Verlobungs- und später als mein **Ehering**. Während meiner bisher einzigen (Bruch-)Operation in den 90er Jahren musste ich ihn kurzzeitig und unwillig ablegen. Obwohl Ingrid im Jahre 2019 starb, werde ich ihn weiterhin tragen.

Meine Brillen trage ich nicht ständig und unterwegs habe ich selten eine davon auf bzw. *dabei*. In meinem Führerschein ist vermerkt, dass ich beim Fahren geeignete Augengläser tragen müsse, aber seit 2020 fahre ich ja nicht mehr Auto. Beim Fernsehen trage ich stets eine **Brille** (am PC eine Lesebrille), weil ich sonst kneisten müsste.

Nachts bin ich am spärlichsten bekleidet; aber da ich nicht nackt schlafen kann, trage ich einen **Schlafanzug**.

Bei der Wassergymnastik geht es nicht ohne **Badehose** – aus Gründen des Anstands und der Vorschriften. Nur mit Widerwillen gehen meine wissbegierigen Blicke hinüber zum Nacktbadestrand mit seiner Freikörperkultur, weil nackte Menschen in meinen Augen überwiegend unansehnlich sind. Ein eher spärlich bekleideter Körper hingegen regt meine Fantasie an, ohne dass ich nun ständig hingucken und mich deshalb schämen müsste.

Wenn wir das Haus verlassen, sind wir dem Wetter gemäß angezogen. Was aber *tue* ich, wenn ich das Haus verlasse? Zuallererst überprüfe ich, ob ich auch meine **Wohnungsschlüssel** mitgenommen habe; denn ich will bei meiner Rückkehr nicht den Schlüsseldienst bemühen müssen. Da ich mich für leicht neurotisch halte, habe ich stets zwei Schlüssel bei mir, wovon einer am Band unsichtbar um meinen Hals hängt.

Selten bin ich ohne **Geld** unterwegs und in einer Sichthülle habe ich stets eine **Ausweiskopie** dabei. Mein Portemonnaie hingegen liegt zuhause auf dem Klavier, weil es nach meinem Gefühl zu dick aufträgt. Daher die Sichthülle.

Was ich *immer* dabei habe, ist situationsbedingt. Wenn es trocken ist und die Sonne scheint, wäre zum Beispiel ein Schirm überflüssig. Im Sommer bin ich logischerweise leichter bekleidet als im Winter.

Ungern gehe ich barfuß. Dafür trage ich stets eine **Kopfbedeckung**, um mich auf den Rat meiner Dermatologin gegen die UV-Strahlen zu schützen. Meine Mütze nehme ich nur in geschlossenen Räumen ab.

Wenn immer ich zum Einkaufen gehe, habe ich einen leichten Rucksack und einen **Einkaufszettel** dabei. Fahre ich zum Flötenkreis oder in den Kirchenchor, findet meine stabile **Notenmappe** darin Platz.

Bei Seniorenwanderungen habe ich stets Verbandszeug und ein **Erste-Hilfe-Set** bei mir – und einen Stadtplan. Und einen Kugelschreiber. Und meine kleinen weißen Merkzettel.

Es dunkelt draußen und ich beginne zu gähnen, obwohl ich dann oft lange Zeit brauche, um einzuschlafen. Letztlich bleiben mir als materielle Dinge nur der Schlafanzug und der Ring an meiner Hand. Und als Dach die Zimmerdecke über meinem Kopf. Und das Bett unter mir.

Es bleiben daneben aber auch die **Erinnerungen** an längst Vergangenes, Vergangenes, das in Bildern vor mir entsteht und das ich fast greifbar nacherleben kann. Meist bin ich dankbar für den wieder einmal abwechslungsreichen und gelungenen Tag, der gerade zu Ende geht. Ich fühle mich geborgen im Schoße meiner Familie, an die ich gerne denke und an deren Leben ich innerlich teilhabe. Ich hoffe und freue mich auf den nächsten Tag.

Es sind eben die vielen **immateriellen Vorstellungen und Werte**, die mich beleben, die in meinem Kopf immer dabei sind und aus denen ich meine Kraft schöpfe.

Geliebte Weisheiten

Bei dem Begriff *Weisheit* sehe ich sofort einen *Guru* vor mir, einen Hindu, einen religiösen Lehrer des Hinduismus, weiß gewandet. Ich bin zwar noch nie einem solchen begegnet, aber ich könnte mir vorstellen, dass man ihm gegen eine Gebühr Fragen aus verschiedensten Lebensbereichen stellen könnte, die er dann mehr oder weniger verschlüsselt beantworten würde.

Oder ich habe eine altgriechische Seherin vor Augen, die, von Dämpfen eingenebelt, in lallenden Rätseln über die Zukunft sprechen würde, *Orakel* genannt. Selbstverständlich nicht ohne Bezahlung – versteht sich.

Mir fallen da noch Shakespeares zahnlose Hexen in *Macbeth* ein, die in ihren brodelnden Hexenkesseln rumrühren und in die Zukunft schielen.

Ein wenig aufmüpfig würde ich mich jedoch fragen, über wieviel Erfahrungswissen alle bisher erwähnten Personen nachweislich verfüg(t)en und ob sie mir je *geliebte Weisheiten* vermitteln könnten, zumal ich ihre Autorität durch meinen Spott gerade nachhaltig in Frage gestellt habe.

Lange bevor ich an der FU Berlin immatrikuliert werden konnte, stellte ich mir meine zukünftigen Professoren wie griechische Jünglinge vor, die, unschuldig und wissbegierig an klaren Quellen sitzend, aus tiefen Schalen ebenso klare Weisheiten schöpfen und schlürfen, diese dann stückweise preisgeben und letztlich über den Dingen in einer anderen Welt, einer Welt der tiefen Erkenntnis, schweben. Ach, ja...

Der Duden führt den Begriff *Weisheit* zwar auf, definiert ihn jedoch nicht. Der *Große Brockhaus* lässt uns hingegen wissen, dass das Adjektiv *„weise"* schlicht *„Weisheit"* bedeute. Diese Erklärung klingt tautologisch, also doppelt gemoppelt. Aber ich darf meinem Nachschlagewerk nicht Unrecht tun; denn mir wird gesagt, ein weiser Mensch sei *lebenserfahren* oder *klug* (oder gar beides zusammen?). Damit in Verbindung gebracht werden Begriffe wie *verständig, erfahren, kundig, gelehrt.* Eine Weisheit wäre demnach ein aus verständigem und erfahrenem, aus kundigem und gelehrtem Munde gesprochenes *Wahrwort.* Ist es bereits eine Weisheit, wenn wir sagen, dass, *wer (in einem Wettlauf) stehen bleibe, schon verloren habe?*

Es mag ja sein, dass er, wenn er stehen bleibt, das Ziel nicht mehr erreichen kann und disqualifiziert wird; aber vielleicht war seine Atemnot unterwegs so groß, dass er, wäre er weitergelaufen, tödlich kollabiert wäre. Er hat also in sportlichem Sinne verloren, weil er aufgeben musste; dafür hat er aber sein Leben erhalten bzw. wiedergewonnen. Er hat demnach verstanden, wie es (medizinisch) um ihn steht. Wie weise – oder?

Mir wird aus diesem Beispiel klar, dass wir bei unserm Tun und Lassen stets deren Folgen bedenken müssen. Wir müssen uns selbst und der Welt gegenüber verantwortlich handeln. Mir fällt in diesem Zusammenhang der philosophische Begriff der *Verantwortungsethik* ein, bei der wir immer das Ende, das Resultat, in Augenschein nehmen und die Folgen von allem bedenken müssen. An dieser Erkenntnis kommt keine Weisheit vorbei.

Unterbegriffe der *Sittlichkeit* heißen *Ethik* und *Moral*. Was gestern noch als unmoralisch erschien, mag heute zumindest geduldet sein.

Geliebte Weisheiten müssen über eine große sittliche Haltbarkeitsdauer verfügen und sind nur eingeschränkt verhandelbar. Wer das Alte Testament studiert, dem begegnen Sprüche und Weisheiten zuhauf. Er kommt an ihnen nicht vorbei; aber wer kann sie sich schon alle merken und welche davon passen überhaupt noch in unsere Zeit? Oder schnüren sie uns ein wie ein Korsett?

In großer Auswahl könnten wir auch alle möglichen Lebensweisheiten im Internet aufrufen, doch viele von ihnen wirken auf mich irgendwie steril oder sogar gestrig. Soll ich sie außerdem *einzeln* befolgen oder *alle auf einmal*? Letzteres würde mich glatt überfordern! –

Als Resultat meiner Selbsterkenntnis und in Beantwortung der Steckbrief-Frage darf ich sagen, dass mir *geliebte Weisheiten* fast gänzlich fehlen oder aber eher unter der Hand wirken; denn ich handle gern situationsbedingt und dabei nie ganz ohne Wertvorstellungen oder ohne Ergebnisorientierung.

Ich halte im Tagesgeschehen an, schaue mich um, überlege und entscheide dann, wie es mir angemessen erscheint. Ich würde *da* stehen bleiben, wo es durch Weitergehen nichts zu gewinnen, aber viel zu verlieren gäbe. Wenn mich nun jemand für weise halten sollte, so würde ich ihm sagen, dass er mich nicht genügend kenne.

Erinnerungen, die mich prägen

Erinnerungen können ja unterschiedlicher Qualität sein – also entweder negativ oder positiv oder gemischt. Beginnen wir mit drei meiner eher negativ-nachhaltigen Erinnerungen:

Es muss Ende der Zweiten Weltkrieges gewesen sein: *Otto Henseleit,* mein Adoptiv-Großvater aus „Insterburch", hatte auf dem gepachteten Laubengrundstück am Hermsdorfer Weg 58 in Berlin-Wittenau einen kellerartigen Vorratsspeicher aus Beton gegossen, mit aufgehäufter Erde versiegelt und darauf den Hausmüll entsorgt. Während eines Bombenangriffes hockten meine Mutter, meine Großeltern, Herr Petermann (der Nachbar) und ich („wattiert" durch den Müll- und Brennnesselberg darüber) darin, um die Endzeit abzuwarten. In geringer Entfernung ging tatsächlich eine Fliegerbombe am hinteren Ende des Gartengrundstückes nieder. Ich weiß nicht mehr, ob sie explodierte, aber der Krater, den sie beim dröhnenden Einschlag gerissen hatte, war riesig groß.

Unser kleiner Luftschutzkeller hatte uns das Leben gerettet und wir waren nicht verschüttet worden. Vermutlich rührt daher meine Abneigung gegen jegliche Silvesterknallerei! –

Margarethe Hembd geb. *Rolack,* meine Großmutter väterlicherseits, hatte es vermutlich gar nicht böse gemeint. Es muss zu meiner Oberschulzeit gewesen sein, in den 50er Jahren, als wir noch in der Belziger Straße 50 wohnten. Ich war auf dem Heimweg. Meine Großmutter hatte in der Küchennische das Mittagessen vorbereitet. Als ich erfuhr, dass es Innereien geben würde, erklärte ich ihr, dass ich „so etwas" nicht hinunterwürgen könne. Voller Zorn kam sie auf mich zu und wollte mich verhauen. Ich lief um den Tisch herum, sie hinterher. Ich war schneller und stürmte aus der Wohnung. Ich kann mich nicht erinnern, wo ich anschließend blieb; aber sie musste mich bei meinem Vater unbedingt anschwärzen und dieser riss mich am nächsten Morgen voller Jähzorn schlaftrunken aus dem Bett empor und verprügelte mich nach Strich und Faden. Dies war das Ende einer halbwegs einvernehmlichen Vater-Sohn-Beziehung – andauernd und für immer. Mein Vater hatte mein Vertrauen verspielt und nicht erkannt, dass es Menschen gibt, denen man besser keine Gewalt antun sollte. Ich vermied es seitdem, ihn körperlich zu berühren. Trotzdem: als er kaum noch laufen konnte, durfte er sich bei mir unterhaken, aber mir war dabei stets unbehaglich zumute.

Sicherlich war mein eigenes Erziehungsverhalten oft nicht ganz lupenrein, aber ich habe versucht, Ingrid und vor allem unseren Kindern stets mit Respekt zu begegnen, weil die Würde eines Menschen unantastbar und nie schadlos zu verletzen ist. –

Noch einmal soll vom Bauernhof in Hopferau die Rede sein: Unser VW-Käfer war unterwegs jedes Mal schwer beladen. Die damalige Autobahn durch die DDR glich teilweise einem Flickenteppich aus Schlaglöchern und so brach auf unserer Rückfahrt aufgrund der Erschütterungen und vielleicht auch wegen des Seitenwindes bei dem vermutlichen Übergewicht der linke hintere Steg unseres Dachgepäckträgers. Ich habe ihn noch unterwegs notdürftig mit Schnur stabilisiert und so beendeten wir unsere Heimfahrt unbeschadet im Zuckeltempo.

Hopferau liegt in einem breiten Tal. Auf der einen Seite ragen die Berge in alpine Höhen, auf der anderen Seite sieht man eine bewaldete Hügellandschaft. Dorthin zog es uns eines Tages. Auf der Rückfahrt ging es serpentinenmäßig abwärts und beim vorsichtigen Schalten in den nächstniederen Gang rastete die Gangschaltung nicht ein, so dass wir freie Fahrt im Leerlauf und nicht mehr die Bremskraft des Motors hatten. Am Ende half uns das Getriebe doch noch, aber ich kann nicht sagen, dass mich diese Situation kalt gelassen hätte. –

Ich war nie ein waghalsiger Autofahrer, weil ich das physikalische Ergebnis von Masse mal Geschwindigkeit kannte und stets wusste, dass das Fahren und Lenken eines PKWs volle Konzentration verlangen.

Immer wieder plagen mich auch heute noch Alpträume und oft sind es Versagensängste, die mich hochschrecken lassen und aus der Ruhe bringen. Ich versuche mein Leben zwar (eigenbestimmt) im Griff zu behalten, aber oft sind wir (fremdbestimmt) bedroht. Ich versuche, diesen Bedrohungen stets aus dem Weg zu gehen, aber manchmal sind die Umwege ziemlich lang.

20. Wenn Du an jeden auf der Welt eine Botschaft senden könntest (und jeder sie auch verstehen und lesen könnte), was würdest Du ihnen mitteilen wollen?

Wer mich kennt und dieses Buch bis hierher gelesen hat, weiß inzwischen, dass er von mir die allermeisten Antworten nur auf verschlungenen Umwegen erhält. Aus alter Gewohnheit möchte ich wieder einmal einige Vorüberlegungen anstellen.

Sicherlich lassen sich in der biblischen Konkordanz und heutzutage im Internet jede Menge an *Sprüchen* und *Lebensweisheiten* aufrufen. Es sind vor allem die Zehn Gebote und auch die Bergpredigt, die uns mit ihren ethischen Vorgaben Wege zur Lebensbewältigung weisen wollen.

Nun muss ich abermals gestehen, dass mein Lebensweg nicht immer bewusst von gängigen Idealvorstellungen, Kalendersprüchen und sittlichen Merksätzen gepflastert war, zumal sie oft einen spezifischen historischen Hintergrund haben bzw. bestimmte Moralvorstellungen einzelner Epochen oder Regionen oder Kulturkreise der Erde widerspiegeln.

Ich habe also keine allgemeingültigen Weisheiten im Gepäck. Auch unsere Gesetzbücher sagen uns, was zulässig ist und was gar nicht geht, ganz zu schweigen vom Grundgesetz der Bundesrepublik Deutschland.

Auf einer anderen Ebene haben wir es außerdem mit Geschäftsbedingungen, Hausordnungen, Baderegeln oder den Bestimmungen innerhalb einer Kleingartenkolonie zu tun; aber wer hat schon sämtliche Vorschriften abrufbar im Kopf und lassen sich überhaupt alle denkbaren Lebenssituationen vorausschauend per Gesetz erfassen?

Überall begegnen uns Regelwerke und Ordnungsgefüge, die uns durch ihre Setzungen ein reibungsloses Miteinander ermöglichen sollen und oft genug sind sie, da sie auf Erfahrungswerten basieren, teuer erkauft.

Wir bewältigen unsern Lebensalltag mit Hilfe unseres Wissens und unserer Vernunft. Und unserer Ziele. Es ist zum Beispiel vernünftig, beim Überqueren einer Straße bei Rechtsverkehr erst nach links und dann nach rechts zu gucken, weil wir wissen, dass es im Falle eines Zusammenstoßes brenzlig für uns werden könnte. Wir tun gut daran, uns stets situationsgerecht zu verhalten und unsere Erfahrungen verantwortungsvoll weiterzugeben.

Bisher bin ich der Fragestellung anscheinend ausgewichen, weil es mir einerseits an

Erkenntnisfähigkeit und andererseits an persönlicher Bedeutsamkeit fehlt. Für einen Raumfahrer im Weltall wäre ich vermutlich nicht viel größer als ein Stecknadelkopf und meine Stimme nirgendwo hörbar. Die Fragestellung schreibt mir aber offenbar die Kräfte eines *Superman* zu. Superman würde uns vielleicht zurufen, dass wir nie aufhören sollten zu *staunen* und zu *fragen*. Aber *worüber* sollten wir staunen und *wonach* sollten wir fragen? Vielleicht würde er uns damit sagen wollen, dass wir nichts einfach so hinnehmen sollen und schon gar nicht ungeprüft.

Jedem von uns wohnt sein Gewissen inne – auch mir. Unser Gewissen ist versucht, sich der Erkenntnis dessen, was richtig bzw. falsch ist, anzunähern; aber selbst unserm Gewissen gelingt niemals die Quadratur des Kreises und es wird ebenso wenig das Geheimnis der blauen Blume der Romantik lüften.

Jeder von uns weiß, dass alles, was er (nicht) sagt oder (nicht) tut, unumkehrbar ist und (entsprechend einer römischen Weisheit) uns uneinholbar vorausfliegt.

Es kann also nicht schaden, wenn ein jeder von uns daher bei allem, was er sagt oder tut, also das Ergebnis seiner Worte und seines Handelns, im Voraus bedenkt.

Ist diese eher zaghafte Erkenntnis schon Botschaft genug?

Nachwort und Danksagung

Die nachfolgenden Zeilen habe ich unterwegs skizziert, im Zug von Berlin via München nach Winterthur. Die Landschaft flog vorbei – wie immer. Eindrucksvoll und doch schnell vergessen – auch wie immer.

Vergessen hatte ich am Ende sogar die einzelnen Fragen von *Gina Maria* und damit auch meine Antworten darauf.

Als ich dann zu Hause mein Manuskript Korrektur las, fiel mir auf, dass es mir schwerfällt, auf den Punkt zu kommen. Meine Gedankengänge verlaufen zwiebelförmig, aber ich hoffe doch, dass sie im Gegensatz zur Zwiebel einen Kern haben.

Ich habe mich bemüht, keiner der zwanzig Fragen auszuweichen und sie möglichst differenziert zu beantworten. Vielleicht würden meine Antworten jedoch nach einiger Zeit schon wieder ganz anders ausfallen – wer weiß...

Hoffentlich war mein Ton weder allwissend noch belehrend – oder doch? Ich bin dankbar für die gedankliche Herausforderung und dafür, dass *Andi* das Buch auch diesmal wieder für den Druck vorbereitet – ebenfalls wie immer.

Was und worüber werde ich wohl auf meiner nächsten
Fahrt nach Winterthur schreiben? Es wird hoffentlich
nicht meine letzte sein – man weiß ja nie...

Inhaltsverzeichnis

(die Gedichte erscheinen im *Kursivdruck*)

19. Fülle diesen Steckbrief aus (Name, Alter, Beruf, Hobbys, Lebensmotto, Lieblingszitat, besondere Fähigkeiten, Lieblingsorte, besondere Erlebnisse; was

Ebenfalls bei BoD sind von mir erschienen

Wie ein Magnet   2007, 60 S.
ISBN 978 - 3 - 8370 - 1371 - 9

Dem Geheimnis der Weihnacht auf der Spur
                                    2008, 60 S.
ISBN 978 - 3 - 8370 - 6586 - 5

Schule – Haus des Lernens   2009, 220 S.
ISBN 978 - 3 - 8391 - 0000 - 4

Mit dem Rücken zur Fahrtrichtung 2009, 60 S.
ISBN 978 - 3 - 8391 - 3010 - 0

Vom Baum der Erkenntnis kosten   2010, 60 S.
ISBN 978 - 3 - 8423 - 0683 - 7

Festhalten und Loslassen   2011, 60 S.
ISBN 978 - 3 - 8423 - 4408 - 2

Opa erzählt   2012, 60 S.
ISBN 978 - 3 - 8482 - 2780 - 8

Opa erzählt weiter   2013, 62 S.
ISBN 978 - 3- 7322 - 37778 - 4

Opa erzählt noch einmal   2014, 64 S.
ISBN 978 - 3 - 7386 - 0543 - 3

Teststrecken in der dritten Lebensphase
                                                           2015, 66 S.
ISBN 978 - 3 - 7392 - 0491 - 8

Ohne Dich und stets mit Dir   2020, 308 S.
ISBN 978 - 3 - 7526 - 8904 - 4

Meinen Vorfahren auf der Spur   2022, 329 S.
ISBN 978 - 3 - 7557 - 4194 - 7

Literarische Restposten   2023, 312 S.
ISBN 978 - 3 - 7578 - 3071 - 7

zu empfehlen:

Hans-Heinz Gerhardson,

Wenn das Schicksal die Reißleine zieht

2013, 184 S.

ISBN 978 - 3 - 7322 - 8828 - 1

Leseprobe aus *Opa erzählt* (S. 13/14)

Wir, meine Mutter und ich, wohnten in den ersten sechs Jahren meines Lebens ganz überwiegend beide allein zur Untermiete in einem der beiden Wohnzimmer in Ebersstraße 39, 1. Stock Mitte, in Schöneberg. Als Berlin im Krieg unter dem Bombenhagel der Alliierten lag, wurden wir zu meinen Tanten nach Görlitz, in die Bautzener Straße 13, evakuiert. Dort gab es hinter dem Haus einen kleinen Privatgarten meiner Tanten, in den ich mich bei gutem Wetter gern zurückgezogen habe. Meine Tanten hatten ihren Tante-Emma-Laden parterre und ihre Wohnung lag im ersten Stock. Dort stand ein Grammophon mit einem riesigen Trichter als Lautsprecher. Dieses Gerät funktionierte mechanisch, so dass ich das Grammophon mit einer Kurbel aufziehen musste, wenn ich eine der Schellackplatten abspielen wollte. Die Platten liefen im 78er Tempo und alle Nase lang musste die Grammophonnadel ausgetauscht werden. Dieses Grammophon habe ich geliebt!

Ich erinnere mich, wie ich mit meiner Tante Gretel eines Morgens mit dem Bollerwagen zur Markthalle fahren durfte, um Waren für den Weiterverkauf im Laden abzuholen. Mit der Straßenbahn sind wir gelegentlich zum Fuße der Landeskrone gefahren.

In Berlin, in der Ebersstraße, hatte schräg gegenüber Paul Hecker sein Friseurgeschäft. Ich erinnere mich daran, dass ein Haarschnitt bei ihm damals 60 Pfennige kostete und ich genoss es jedes Mal, auf dem Drehstuhl mit der beweglichen Lehne vor dem großen Spiegel zu sitzen. Ich mochte es, wenn er meine Haare schnitt und mit dem Kamm hindurchfuhr.

Kann ich eine dieser Erinnerungen aber eigentlich meine *schönste* nennen? Ich mag keine Superlative!

Ich bin inzwischen Großvater, der immer noch gerne schaukelt. Ja, ich habe an meiner Schaukel im Garten in Wittenau gehangen!

Hatte ich damals Freunde, die ich besuchen oder die ich in unser Zimmer in der Ebersstraße mitbringen durfte?

Die Antwort folgt im Buch

FSC
www.fsc.org
MIX
Papier aus ver-
antwortungsvollen
Quellen
Paper from
responsible sources
FSC® C105338